PREFAZIONE

Nel novero dei bergamaschi che vissero a cavallo tra il settecento e l'ottocento e che si distinsero, in vari campi, in ambito "nazionale" (il virgolettato è d'obbligo, dato che si parla del periodo preunitario) e internazionale, Giacomo Costantino Beltrami è, assieme ad altri illustri concittadini come Angelo Mai e Giacomo Quarenghi, certamente una figura di primo piano.

La sua biografia presenta infatti numerosi elementi di interesse. Uomo di buona cultura (tra le altre cose, frequentò i salotti della Contessa d'Albany ed ebbe modo di conoscere Lord Byron) e di animo intraprendente, fu particolarmente attivo nella turbolenta vita culturale, sociale e politica del tempo, anche se spesso con conseguenze poco piacevoli, come testimoniano le numerose incarcerazioni di cui fu vittima per i suoi ideali rivoluzionari.

Ciononostante, la fama per la quale Beltrami oggi è maggiormente conosciuto, in patria e all'estero, è quella derivata dai suoi viaggi di esplorazione nel Nuovo Mondo. In particolar modo a quello nei territori inesplorati dell'Upper Missisipi, che portarono l'esploratore orobico a scoprire le sorgenti di uno dei più lunghi fiumi delle Americhe (impresa che gli valse l'intitolazione di una contea a lui dedicata nell'attuale stato del Minnesota).

Beltrami fu infatti tra i pochi illuminati viaggiatori che attraversarono quelle regioni quando la guerra non era ancora la forma privilegiata del rapporto con le popolazioni locali. Accompagnato dal fedele ombrello rosso, simbolo di neutralità, e avvantaggiato dal fatto di non essere né francese, né inglese o americano, Beltrami riuscì a stabilire relazioni proficue e pacifiche con gli abitanti dei territori attraversati.

La sua mentalità progressista, unita ad una mente acuta e un'ottima capacità di osservazione e di analisi, lo portarono a raccogliere meticolosamente e in maniera accorta il resoconto delle sue esperienze con quelle culture (arrivò persino a compilare un dizionario della lingua Siuox) e un vasto campionario di oggetti di grande valore etnografico.

Tuttavia fu proprio questo approccio, inusuale per l'epoca e di certo poco adatto al clima socio-politico del Nord America del tempo, a procurargli scherno e diffidenza, tanto che venne persino messa in discussione la legittimità delle sue scoperte, costringendo Beltrami a dover combattere per difendere la sua reputazione. Ci volle quasi un secolo perché il valore delle sue scoperte venisse adeguatamente riconosciuto e che le straordinarie testimonianze raccolte nei suoi viaggi, venissero valorizzate come meritano.

Oggi una parte della straordinaria collezione di reperti che Beltrami riportò in patria dal suo viaggio nelle Americhe può essere ammirata al Museo Beltrami di Filottrano (AN), piccolo paese marchigiano nel quale Beltrami si ritirò a vivere negli ultimi anni della sua vita, dove sono esposti i manufatti riportati dai suoi viaggi in Nord America, Messico ed Haiti. Al fianco dei reperti etnografici sono inoltre esposte le sue armi e i suoi oggetti personali e le raccolte di campioni botanici, minerali e malacologici delle sue collezioni, oltre al manoscritto del volume "Le Mexique", con una relazione sul suo viaggio in quel paese.

Il civico Museo di Scienze Naturali della città di Bergamo custodisce invece un'importante parte dei reperti raccolti nel viaggio di esplorazione in cerca delle sorgenti del Missisipi tra il

1823 e il 1825 e donati al Museo da Giobatta Beltrami, nipote di Giacomo, nel 1855, anno della morte di Beltrami. Tali reperti, che possono essere ammirati nella sala di etnografia del Museo nella quale campeggia il meraviglioso ritratto dell'esploratore realizzato da Enrico Scuri, sono di eccezionale valore, in quanto molti di essi costituiscono l'unica testimonianza di culture oggi estinte, tanto da aver suscitato l'interesse di istituzioni come la Smithsonian Institution e da essere stati tra i pezzi centrali della grande esposizione di arte nativa amerindiana avvenuta a Calgary, in Canada, nel 1988.

Questo libro si ripropone quindi d ripercorrere la biografia e i viaggi una figura estremamente interessante, non solo per il contesto storico in cui visse e per le imprese a cui prese parte, ma soprattutto per l'innegabile contributo che, grazie ad un'eccezionale intraprendenza, una mente brillante ed acuta e un animo nobile, è riuscito a dare alla conoscenza.

Marco Rampinelli

Abbiamo deciso di "commentare" la più famosa delle scoperte del grande esploratore italiano, interpretando le sue famose lettere. Scritti accompagnatori, realizzati dal Beltrami alla stregua di diario. L'intento è di offrire una sorta di giornale dell'epoca, ricco di anedotti e di chiare spiegazioni su luoghi e persone incontrate dal nostro protagonista. Buona lettura !!

Luca Cristini

▲ Fort Snelling a Detroit nel Minesota stampa coeva - *Fort Snelling MN Detroit*

▶ Ritratto del Beltrami, derivato dalla copia dello Scuri conservato all'Accademia Carrara di Bergamo ed eseguito nel 1931 da Gian Antonio Micheli per la Minnesota Historical Society (courtesy)

Oil on canvas painting of Giacomo Beltrami. Painted in 1931 by Gian Antonio Micheli

NADIR DURAND - LUCA STEFANO CRISTINI

GIACOMO COSTANTINO
BELTRAMI

IL BERGAMASCO CHE SCOPRÌ LE SORGENTI DEL MISSISSIPPI

AUTORI - AUTHORS:

Luca Stefano Cristini, esperto conoscitore di guerre e storia del 600. Ha già pubblicato un importante lavoro, su due tomi, dedicato alla guerra dei 30 anni (1618-1648) il primo mai stampato in Italia sull'argomento.
Per le collane di Solidershop ha anche realizzato un lavoro sulla battaglia di Tornavento, ed insieme a Vincenzo Mistrini due libri sulle guerre turco-polacche del 600. Dirige da diversi anni riviste nazionali specializzate di carattere storico e uniformologico. Ha al suo attivo numerose collaborazioni con i principali editori di materie storiche come Albertelli, De Agostini, Mondadori (Focus) e Isomedia per varie loro pubblicazioni.

Mario Nadir Durand, anch'egli bergamasco, ragioniere bancario ora in pensione. coltiva fin dall'infanzia una grande passione per la storia e il costume militare e l'uniformologia in generale. Non trascura nessun periodo storico, realizzando in diversi anni qualche migliaio di tavole a mano libera di armati e soldati. In questo volume è autore delle tavole a colori.

NOTE AI LETTORI - PUBLISHING NOTE

RINGRAZIAMENTI

Gli autori desiderano esprimere i propri ringraziamenti alle istituzioni museali e di archivio bergamaschi per il contributo prestato nel corso del nostro lavoro di ricerca di fonti e immagini. Un ringraziamento speciale all'amico, il Dott. Marco Rampinelli, autore della prefazione del nostro libro

ISBN: 9788893272797 Prima edizione: Ottobre 2017
Title: **GIACOMO COSTANTINO BELTRAMI** (Historical Biographies 006)
Di Mario Nadir Durand e Luca Stefano Cristini. Tavole di Mario Nadir Durand. Prefazione di Marco Rampinelli.
Editor: Soldiershop publishing. Cover & Art Design: Luca S. Cristini.

In copertina : 5 marzo 1823. Dopo aver trascorso due mesi negli Stati Uniti soggiornando nelle città di Philadelphia, Baltimora e Washington, Beltrami, giunto a Pittsburgh, è pronto ad imbarcarsi su uno steam-boat con cui discendere il fiume Ohio. Qui è intento a contrattare con un facchino di origine francese.

INDICE:

▲ Ritratto coevo di Giacomo Costantino Beltrami

G. COSTANTINO BELTRAMI

NOTE BIOGRAFICHE

Giacomo Costantino Beltrami nacque a Bergamo nel 1779 (il giorno esatto andò perduto con un incendio che bruciò gli archivi civici). Figlio di Margherita Carozzi e di Beltrami Giovanni Battista Doganiere Generale della Serenissima Repubblica Veneta. Ebbe una formazione scolastica ad indirizzo umanistico e legale ma già a 18 anni nel 1797 si arruolò nell'esercito della Repubblica Cisalpina; per le sue doti e la sua formazione fu nominato Ispettore dei magazzini della Commissione a Torino nel 1801, Sotto Ispettore degli Equipaggia-menti a Parma nel 1805, Cancelliere di giustizia nel dipartimento del Taro nel 1805, e dopo la costituzione del Regno d'Italia, sotto la dominazione napoleonica, nel 1806 fu Vice Ispettore delle Armate e in seguito Giudice della corte del Dipartimento del Musone a Macerata nel 1809.

Nel 1812, per motivi di salute, si recò a Firenze dove conobbe la Contessa Luisa D'Albany e frequentandone il salotto venne a contatto con importanti personalità del mondo politico, scientifico e letterario del tempo. Ritornato in seguito a Macerata, al vecchio impiego, dopo aver constatato una certa corruzione nell'ambiente, contrariato, nel 1814 di dimise dall'incarico e si ritirò in una sua proprietà a Filottrano (Ancona). Due anni dopo decise di visitare l'Italia meridionale, tuttavia dopo aver visitato alcune città, cadendo dal suo cavallo preferito che aveva battezzato "Milord", si spezzò una gamba e fu costretto a ritornare a Filottrano per curarsi.

Essendo egli di idee liberali, simpatizzante per la carboneria ed iscritto dal 1808 alla loggia massonica del Grande Oriente d'Italia (come risulta da un diploma conservato presso la biblioteca civica "Angelo Mai" a Bergamo), si attirò i sospetti dello Stato Pontificio (ricostituitosi dopo la caduta di Napoleone).

Indagato, in attesa di processo, si ritirò in esilio a Firenze dove, con l'aiuto della Contessa D'Albany e delle sue influenti amicizie (anche ecclesiastiche), ottenne il proscioglimento dalle accuse; rimase però a Firenze fino al 1820 (forse perché innamorato della Contessa Giulia De Medici Spada che tuttavia morì proprio in quell'anno. Ritornato a Filottrano, già nel 1821 decise di compiere un viaggio attraverso l'Europa e visitò diverse città in Germania, Belgio e Francia. Nel 1822 si recò in Inghilterra prima a Londra e infine a Liverpool dove ai primi di novembre si imbarcò con l'intento di visitare gli Stati Uniti per proseguire poi con l'esplorazione del Messico e del Sud America.

Il 21 gennaio 1823, all'età di 44 anni, sbarcò a Philadelphia dove pubblicò, in francese, il libro "Deux mots sur les promenades de Paris a Liverpool et Philadelphia"; si recò poi a Baltimora e a Washington, infine raggiunse Pittsburg dove, ai primi di marzo, si imbarcò su un battello con il quale discese il fiume Ohio con l'intento di giungere poi, discendendo il Mississippi, fino a New Orleans dove era atteso e da laggiù proseguire verso il Messico.

Alla metà di marzo raggiunta la confluenza fra l'Ohio e il Mississippi, dopo aver casualmente conosciuto il Magg. Taliaferro e il Gen.Clark, invece di recarsi a New Orleans, a sud, decise di

seguire i due militari fino a St. Louis, a nord, e con loro si imbarcò il 17 marzo 1823.
Raggiunta St. Louis, dopo aver assistito ad un incontro fra i due militari e una delegazione di indiani Sauk, approfondendo la sua amicizia con il Magg. Taliaferro, incuriosito dagli indigeni e attratto dalla possibilità di visitare i selvaggi e incontaminati territori del nord, mutati i propri piani, il 6 aprile 1823 si imbarcò al seguito del Maggiore per raggiungere il forte St. Anthony nell'attuale stato del Minnesota (il Gen.Clark si fermò invece a St. Louis, sua residenza).
La continuazione del racconto di questo episodio della vita di Beltrami costituisce il corpo principale di questa pubblicazione, tratta dallo scritto da lui pubblicato a New Orleans nel 1824 intitolato "La decouverte des sources du Mississippi et de la rivière sanglante", redatto nella forma di 11 lettere indirizzate all'amica Contessa Girolama Compagnoni. (l'undicesima lettera che descrive il viaggio di discesa sul Mississippi da St. Louis a New Orleans, terminato il 13 dicembre 1823, per ragioni di spazio ed esulando dal tema, non è stata riassunta in quest'opera). Beltrami raggiunse il Messico il 1° giugno 1824 e per un anno lo percorse in lungo e in largo annotandone la geografia, studiandone le popolazioni, interessandosi alla lingua Azteca, visitando i resti delle antiche civiltà, classificando piante ed animali, incontrando diverse personalità politiche e culturali e raccogliendo reperti per le sue collezioni.
Nel 1825 ritornò negli Stati Uniti e nel 1826 si recò ad Haiti e Santo Domingo; colto da malattia nel 1827 rientrò negli Stati Uniti. Dopo la sua guarigione si recò in Francia dove fu ben accolto ed ebbe numerosi riconoscimenti ufficiali: fu membro della Società di Geografia, della Società di Geologia, della Società Universale di Incivilimento, e dell'Institut de France.
Nel 1834 a Parigi pubblicò i volumi "Le Mexique" e "L'Italie et l'Europe". Si ritirò in seguito in una casa di sua proprietà nei pressi di Heidelberg in Germania. Infine nel 1837 ritornò a Filottrano dove rimase fino alla morte sopravvenuta il 6 gennaio 1855.
Il 28 febbraio 1866 lo stato del Minnesota, riconoscendo i suoi meriti, battezzò "Bertrami County" un parco naturale molto esteso a Nord dell'Upper Red lake, il suo nome fu dato anche ad un Municipio a sud-est del Puposky lake e a nord del Turtle lake, in cui è compresa la zona delle sorgenti settentrionali del Mississippi da lui scoperte.
I numerosi reperti raccolti nei suoi viaggi sono conservati presso il Museo di Storia Naturale Caffi di Bergamo e presso il Palazzo Lucchetti Gentiloni di Filottrano (Ancona). Alcuni di questi oggetti furono prestati ed esposti nel 1987 al Glenbow Museum di Calgary in Canada e nel 1988 un tamburo della collezione fu scelto, dalla stessa città, come simbolo delle olimpiadi invernali di cui fu sede. Altre opere pubblicate da Beltrami oltre quelle già citate sono "the Sioux vocabulary" (1823), "A pilgrimage in Europe and America" (1828), "L'Italia ossia scoperte" (1834) e " G.C. Beltrami alla scoperta delle sorgenti del Mississippi" (1823).

▲ Lapide a ricordo del Beltrami posta sulla casa di Filottrano (MC)

GIACOMO COSTANTINO BELTRAMI BIOGRAPHY NOTE

Born in 1779 in the Lombardy region of Italy, Giacomo Costantino Beltrami achieved fame and fortune at a young age. When political pressure and personal loss spurred him to leave home, he set out to explore the world. Today he is best known for an account of his travels through present-day Minnesota, and for his claim to have found the source of the Mississippi River.

Beltrami signed up for service in the army of the Cisalpine Republic in 1797, at the age of eighteen. At the time, the northern Italian republic was governed by France, and Beltrami was able to use his new military position to work his way into both the Masons and Napoleon's government. He spent his early career working as a magistrate in the Napoleonic judicial system.

After the defeat of Napoleon in 1815, Italians regained control of the Cisalpine Republic. Beltrami returned to his farm in Filottrano. His Masonic membership and French connections, however, soon put him at odds with the papal government, which suspected he had conspired against the Italian state. The death of his dear friend Giulia Spada de Medici, coupled with ongoing surveillance by papal police, led Beltrami to embrace a life of travel. He toured Europe before sailing from Liverpool to Philadelphia on October 25, 1822. Having arrived in Philadelphia in December, Beltrami set off to visit several North American cities. He stayed in Washington, DC, where he met President James Monroe. He also stopped in Baltimore and Pittsburgh, which he described as "a little Birmingham."

A trip down the Mississippi River to New Orleans took a turn in the opposite direction when Beltrami met Major Lawrence Taliaferro, an Indian agent headed to Fort St. Anthony (now Fort Snelling). Taliaferro's descriptions of the area's Dakota and Ojibwe people intrigued Beltrami. He decided to reverse course and follow the agent upstream.

At St. Louis, Beltrami and Taliaferro boarded the *Virginia*, the first steamboat to try to reach Fort St. Anthony by traveling against the current. They arrived at their destination on May 10, 1823.

As was his habit, Beltrami described the visit in his journal. He recorded his observations of fort life, his impressions of local Dakota and Ojibwe customs, and his resolve to locate the source of the Mississippi. Beltrami accompanied an expedition led by Major Stephen Long as far as Pembina. In spite of his lack of experience, he was determined to explore the surrounding area with his own small party. He set out on August 9, 1823. On August 28, Beltrami found what he believed was the source of the Mississippi and the Red River of the North. He christened the site Giulia (Lake Julia) in honor of his late friend. He acquired objects as he traveled, including two American Indian (probably Dakota) flutes.

By December, Beltrami had carried out his original plan to visit New Orleans. It was there that he set about organizing his travel notes into a book. The account, published a few months later, proved controversial. Beltrami was convinced that he had found the source of the Mississippi and the Red River of the North. The rest of the world, however, either ignored or ridiculed his claim. The Mississippi's true source at Lake Itasca remained unknown to Euro-Americans until an 1832 expedition led by Henry Schoolcraft. Beltrami set out on another journey in April of 1824. This time, he set his sights on Mexico. He collected local plants, art, and manuscripts, including a text that translated the Aztec language into Latin. Beltrami continued to travel throughout 1825, adding New York to his list of visited cities. The controversy surrounding his alleged discovery, coupled with the censorship of his books by the Catholic Church, weighed on his mind.

In 1826, Beltrami returned to Europe. He lived in Heidelberg, Germany for a few years before returning to Italy. He changed his lifestyle, taking inspiration from the humble habits of Franciscan monks. He even took to calling himself "Fra Giacomo." Having given up hope of seeing his books published in Italy, he contented himself with working on his estate. He died in 1855. Several Minnesota landmarks reflect Beltrami's renown as an explorer of the Upper Mississippi. Beltrami County, Beltrami Island State Forest, and the Beltrami neighborhood in Northeast Minneapolis are named in his honor.

Courtesy by Minnesota Historical Society

▲ La mappa del territorio degli Stati Uniti, pur tracciata a grandi linee, consente di valutare l'intero viaggio di Beltrami da Pittsburg al Minnesota e l'intero corso dei fiumi Mississippi e Missouri; consente anche di valutare la posizione di diversi luoghi da lui citati, al di fuori del suo viaggio (ad esempio i Grandi Laghi). Inoltre è stata indicata la posizione approssimativa di molte tribù indiane nei primi anni del secolo XIX°.

Contemporary United States of America with the design of the great Mississippi river

DA PITTSBURG A FORT SELLING

*"Il lago ha circa tre miglia di circonferenza: è fatto a forma di cuore e parla all'anima.
La mia ne è rimasta commossa."*

LETTERA 1) Argomento: il viaggio da Pittsburg alle foci del fiume Ohio.

Redatta nel marzo 1823 allo sbocco dell'Ohio nel Mississippi, in un albergo di legno, in attesa di un battello diretto a New Orleans.

Beltrami inizia la sua opera descrivendoci Pittsburg, città della Pennsylvania abitata da 12.000 persone, come una località fiorente, ricca di manifatture di fonderie e di traffici commerciali favoriti dal transito di merci di ogni sorta dirette da est ad ovest e viceversa; situata nel punto in cui i fiumi Monongahela e Alleghany si congiungono formando l'Ohio (che in lingua Algonquin significa "Bel Fiume"). Entrambe i fiumi sono navigabili per un lungo tratto, in particolare risalendo il secondo (che scende da nord) è possibile, con brevi trasbordi, raggiungere addirittura il lago Erie. Il nostro autore, tuttavia , si lamenta del cielo grigio per l'aria colma di smog, causato dal fumo di carbone generato dalle manifatture e dai numerosi battelli a vapore che sostano nel porto mentre caricano e scaricano merci e passeggeri (essendo essi bene attrezzati anche per viaggiatori e compagnie); loda invece i due lunghi ponti, di recente costruzione, con pilastri in pietra ed opera in legno, dotati lateralmente di gallerie coperte e chiuse ai lati per riparare i pedoni dal vento e dalla pioggia mentre una corsia centrale, scoperta, è riservata al transito di carri e cavalli. I ponti misurano 1800 metri l'uno e 1200 metri l'altro. L'aspetto e la portata dei due fiumi, a Beltrami, ricordano il Tevere. Il 5 marzo 1823, il nostro viaggiatore si imbarca iniziando la discesa del fiume Ohio che scorre da nord-est verso sud-ovest.

Il primo giorno il battello percorse 91 miglia raggiungendo Weeling, città della Virginia, grande quasi quanto Pittsburg, con 10.000 abitanti e da cui ogni giorno partivano diligenze per tutte le direzioni. Il secondo giorno di navigazione raggiunsero e superarono la città di Marietta (stato dell'Ohio) con 2.000 abitanti, poi Belprè e Gallipolis e infine Burlington (sempre in Ohio) e arrivarono nel punto in cui il fiume Sandy, che è confine fra Virginia e Kentucky, si getta nel fiume Ohio a 300 miglia da Pittsburg. Proseguendo poi il viaggio e superate le città di Portsmouth e Hayesville sulla riva sud del fiume, nel Kentucky, il nostro viaggiatore , durante una sosta del battello , sceso per fare una passeggiata si attardò e al ritorno scoprì che il battello era ripartito; lo inseguì trovando un passaggio su un barcone a remi che andava nella stessa direzione e contribuendo a remare lo raggiunse a Cincinnati, città fiorente che descrive, per struttura e posizione, come una piccola Genova, con 12.000 abitanti quasi tutti provenienti dal New England. Puntualmente Beltrami descrive all'amica Contessa (e a noi) tutto ciò che cade sotto la sua attenzione, informandoci che il fiume Miami si getta nell'Ohio a 450 miglia da Pittsburg mentre a 470 miglia si incontrano le cittadine di Rising Sun e Weway (oggi Vevay) nello stato dell'Indiana, luoghi abitati da svizzeri e deliziosamente ameni e ridenti. Dopo 525 miglia di viaggio si raggiunge il punto in cui il fiume Kentucky si getta nell'Ohio

fra le località di Port William e Prestonville e a 580 miglia le "Cascate dell'Ohio" che delusero Beltrami, il quale le descrive come un semplice scivolo inclinato, con soli 7 metri di dislivello distribuito su poco più di 3 chilometri di lunghezza; esse si trovano presso le città di Louisville e Shippingport. Anche Louisville non suscitò l'entusiasmo di Beltrami, lo trovò un luogo insano e paludoso con 6.000 abitanti e ci informa che solo trenta anni prima non era altro che un piccolo forte fatto costruire dal Gen. George Rogers Clark, parente di quel Gen. Clark che Beltrami incontò personalmente pochi giorni più tardi. Ad 825 miglia da Pittsburg il fiume Warbash, scendendo da nord, si getta nell'Ohio separando gli stati dell'Indiana e dell'Illinois, mentre da sud l'Ohio riceve i fiumi Green, Tennessee e il Cumberland. A Wilkinsonville il nostro viaggiatore incappò in una seconda piccola avventura, sempre durante una sosta del battello, sceso per una breve battuta di caccia in compagnia di un altro passeggero, finì col trovarsi nei pressi di una "pantera" appollaiata su un albero ma, avendo il fucile caricato solo con pallini di piccolo calibro, i due si ritirarono con circospezione, raggiunto il battello e ricaricato il fucile ritornò con una compagnia più numerosa sul luogo dell'avvistamento ma non ritrovando l'animale il gruppo si accontentò di raccogliere del riso selvatico per la cena, ritornando poi tutti al battello. A questo punto, dato che la forma letteraria scelta da Beltrami è quella di epistole indirizzate all'amica Contessa Compagnoni, egli arricchisce lo scritto con note storiche e geografiche interessanti anche per i moderni lettori; apprendiamo pertanto che tutti i territori da lui attraversati in questa prima fase del viaggio solo trenta anni prima (intorno al 1790) erano ancora completamente selvaggi e quasi inesplorati, abitati dalle tribù Sawanoes, Miamis, Pianckiciavoes, Delaware ed Illinois, nel 1823 ormai quasi estinti e riuniti con gli Owatawas i Fox e i Sauk. Questi ultimi, in particolare, che vivevano in origine presso il fiume Alleghany si divisero in due gruppi, uno si spostò più a nord aggregandosi agli Iroquis mentre l'altro si spostò a nord-ovest presso i Fox sulla riva orientale del Mississippi. Daniel Boone fu il primo ad esplorare questi luoghi nel 1770, accompagnato da cacciatori ed avventurieri che, fra le altre cose, rinvennero nelle foreste del Kentucky giacimenti di ossa di Mammouth. Nel 1773 altri gruppi, partiti da fort Pitt (ora Pittsburg) si spinsero ad ovest fondando Lexington spingendo le popolazioni indigene ad emigrare molto più ad ovest nei pressi del fiume Orange a 300 miglia dalla foce del Missouri. Tutto il territorio bagnato dall'Ohio fu per 40 anni teatro di guerre atroci combattute fra gli Americani e gli Inglesi insieme ai rispettivi alleati indiani fino al 1814, anno del trattato di pace concluso a Gand. Il nostro fa accenno anche all'epopea di Teecumseh, geniale e leggendario capo degli Shawnees (alleati degli inglesi) e di suo fratello Tenskwatawa "il profeta" e alle due grandi battaglie del 6 novembre 1811 e 5 ottobre 1813 in cui il generale americano Harrison li sconfisse. Veniamo informati inoltre che il Kentucky nel 1823 contava ben 600.000 abitanti mentre nel 1790 ne contava solo 3.000 e nel 1803 43.000; sempre nel 1823 l'Ohio contava più di 600.000 abitanti, l'Indiana 150.000 e l'Illinois 60.000, tutta questa gente era composta da immigrati europei.

◄ **Tav. 01** - 5 marzo 1823. Dopo aver trascorso due mesi negli Stati Uniti soggiornando nelle città di Philadelphia, Baltimora e Washington, Beltrami, giunto a Pittsburgh, è pronto ad imbarcarsi su uno steam-boat con cui discendere il fiume Ohio. Qui è intento a contrattare con un facchino di origine francese.

March 5, 1823. After spending two months in the United States in the cities of Philadelphia, Baltimore and Washington, Beltrami arrived in Pittsburgh and is ready to board on a steam-boat to descend the Ohio River. Here he is contracting with a porter of French origin

LETTERA 2) Argomento: il viaggio dalla foce del fiume Ohio a St. Louis

Redatta il 2 aprile 1823 a St. Louis.

In questa lettera Beltrami precisa che sebbene fosse intenzionato a discendere il Mississippi fino a New Orleans, dove era atteso, per proseguire in seguito verso il Messico, che desiderava esplorare, decise invece, a causa di una straordinaria occasione, di cambiare destinazione per recarsi a St. Louis, a nord.

Egli infatti, mentre attendeva un battello diretto a sud, incontrò il Magg. Taliaferro (di lontana origine italiana) e il Gen. Clark (consanguineo di quello menzionato nella lettera precedente), scoprendo che i due militari erano incaricati di ispezionare il Dipartimento e i forti presso gli indiani del nord, incuriosito li tempestò di domande riguardo quei territori e le tribù di nativi che li abitavano ed essi cortesemente accettarono di soddisfare la sua curiosità ma Beltrami, per approfondire meglio l'argomento, decise di seguirli imbarcandosi con loro sullo steam-boat "Calhoun" diretto a St. Louis il 17 marzo 1823. Il viaggio sul Mississippi fu tranquillo, senza particolari avvenimenti, ci vengono nominati i due promontori di Capo Lacroix e di Capo Girardeau, scoperti per la prima volta nel 1674 dai francesi lì inviati dal Signor De Frontenac. Sessanta miglia più a nord di Capo Girardeau si incontra la città di Santa Genoveffa, graziosa ed agiata, ed in seguito si incontrano forte Chartres e diverse isole.

A 140 miglia dalla partenza raggiunsero la località chiamata Hercolanum che effettivamente ricordò a Beltrami la cittadina di Portici presso Napoli; questa zona è ricca di miniere di piombo e 10 miglia più a nord, presso il fiume Morimack, si trovano quelle più ricche in assoluto, per tale ragione sulle alture nei dintorni sono state costruite delle torri, utilizzate per trasformare il piombo fuso in pallini di varie dimensioni, per le munizioni dei fucili, mediante caduta. Il 21 marzo 1823 alle 8 del mattino Beltrami sbarcò a St. Louis dopo un viaggio di 170 miglia; la città, a quel tempo, mostrava ancora nell'architettura e soprattutto nelle terrazze le caratteristiche del periodo di colonizzazione spagnolo, essa ospitava anche una vita sociale brillante, di tipo europeo, con belle strade e ricca di attività con mercati, magazzini e industrie; con una popolazione di 7.000 abitanti era al centro del commercio di tutte le mercanzie provenienti ed in partenza per i quattro punti cardinali fino all'Europa, al Sud America, al Canada e ai selvaggi territori dell'ovest.

Attraverso questa città transitavano anche le pellicce, scambiate con le vettovaglie e i rifornimenti destinati ai forti e alle comunità dei territori indiani.

Nelle due settimane trascorse in questa città Beltrami, oltre ad approfondire la sua amicizia con il Magg. Taliaferro, fece escursioni anche nei dintorni e fu colpito dalle misteriose vestigia di costruzioni in pietra testimoni di antiche civiltà estinte, si tratta della base di vari edifici di varia forma, circolari piramidali e rettangolari, uno in particolare attirò la sua attenzione, oblungo con un perimetro di 90 metri, un'altezza di 18 culminante con un ripiano lungo 14 metri e largo uno e mezzo e con un rilievo triangolare alto circa due metri che ne abbraccia tutta la base orientale. Infine alcune notizie storiche riguardanti questi territori: essi facevano parte della Louisiana, colonia francese che inizialmente comprendeva tutte le regioni a est del Mississippi dal Golfo del Messico fino a Washington D.C., ebbe poi un periodo di dominazione spagnola e infine inglese , il cui primo insediamento nel 1765 fu però subito distrutto dagli indiani; un secolo prima il Signor De La Salle, partito dal Canada, attraversò i laghi Ontario ed Erie poi marciando attraverso le foreste raggiunse il lago Michigan e a metà del corso dell'Illinois fondò un fortino, vi stanziò una guarnigione, lo battezzò "Crevecoeur" e ritornò in Canada; poco tempo dopo, il comandante della guarnigione Cavalier Tonti abbandonò il fortino e lo seguì. Padre Hennepin invece, spedito alle sorgenti del Mississippi, dopo aver vagato alquanto, con poco frutto, fece anch'egli ritorno nel Quebec.

Successivamente una nuova spedizione francese battezzò con il nome significativo di "Pain Court" la località che ora ospita St. Louis. Infine Padre Marquette, inviato in questa zona nel 1763 per ordine del Governatore del Canada, raggiunse prima il lago Michigan poi diretto ad ovest entrò nella "Green Bay" (una regione dello Wisconsin), risalì il fiume Fox, raggiunse e discese il fiume Wisconsin fino alla sua confluenza con il Mississippi e discese anche quest'ultimo fino alla confluenza con il fiume Missouri, ma non avendo trovato né oro né argento né anime disposte a convertirsi, presto, ritornò nel Quebec.

A questo punto, Beltrami, vedendo arrivare alcune canoe cariche di pellirosse, i primi che egli vede, incuriosito, conclude la sua seconda lettera.

LETTERA 3) Argomento: Il viaggio da St. Louis al forte St. Anthony.

Redatta il 10 maggio 1823 presso il forte St. Anthony (odierno forte Snelling, nel Minnesota)

Il 6 aprile 1823 Beltrami partì da St. Louis al seguito del Magg. Taliaferro, mentre il Gen. Clark si fermò in quella città, sua residenza. Il battello "Virginia", agli ordini del Capitano Perston, era lungo 35 metri, largo sei e mezzo e con un pescaggio di soli 180 centimetri, il suo carico superava le 200 tonnellate. Poco prima della partenza, a bordo del battello, il Maggiore e il Generale, in presenza di Beltrami, ricevettero un capo della tribù dei Sauk, di nome "Grande Aquila", che in compagnia di due figli e di un gruppo di indiani era giunto in canoa per parlamentare con i due militari. Alla fine del colloquio il capo indiano fu invitato a rimandare indietro le canoe e a compiere il viaggio di ritorno alla tribù come ospite sul battello ed egli accettò rimanendo insieme ai due figli. Beltrami ci descrive l'aspetto di questo personaggio (Tav.n° 3) facendo notare che era scarsamente vestito e con due code di volpe come orecchini e che il figlio più piccolo era del tutto nudo, ma aggiunge anche che mentre lui tutto vestito, in redingote, tremava di freddo gli indiani, seminudi, non sembravano soffrirne. L'8 aprile 1823, 180 miglia a nord di St. Louis, raggiunsero una località chiamata "Prateria del Pioppo" immersa in un paesaggio idilliaco composto da foreste immense con piccole radure e laghetti, interrotte saltuariamente da praterie punteggiate da piccole macchie di alberi sparse. Il 9 aprile 1823 lo steam-boat sostò per rifornirsi di legna necessaria per alimentare le caldaie; nel frattempo il nostro viaggiatore sbarcò per fare una escursione nei boschi ma essendosi perduto fece tardi e al suo ritorno il battello era già ripartito ma finì con l'incagliarsi e Beltrami, correndo, riuscì a raggiungerlo. Il Capitano si scusò affermando di essersi convinto che Beltrami volesse raggiungere a piedi Fort Edward che, a poche miglia di distanza, era la prossima tappa del battello. Il capo indiano "Grande Aquila", ferito nell'orgoglio per non essere stato ascoltato dal Capitano circa la corretta rotta da tenere per evitare l'incidente, salutati i figli, si tuffò in acqua e dopo aver nuotato fino a riva si inoltrò nella foresta. Il 10 aprile 1823 riuscirono a disincagliare il battello e raggiunsero fort Edward che sorgeva presso la foce del fiume Lemoine; luogo un tempo abitato dagli indiani Yahowas, ormai quasi estinti a causa degli scontri con i Sioux. Presso il forte si trovava il villaggio dei Sauk capeggiato da "Grande Aquila" così i suoi due figli si ricongiunsero con lui. L'indiano accolse Beltrami amichevolmente e questi ottenne in omaggio uno scalpo Sioux che il capo portava appeso al proprio tomahawk e lo aggiunse alla sua collezione. A questo punto dello scritto ci viene tracciata una descrizione dei metodi di amministrazione dei territori indiani ancora non eletti al rango di Stato dell'Unione. Tutti i territori dipendevano da Washington ma ad ogni territorio veniva assegnato un Governatore coadiuvato da giudici ed esattori; inoltre ciascun territorio aveva un rappresentante al Congresso ma, essendo regioni abitate quasi esclusivamente da indiani, venivano nominati intendenti e sottointendenti incaricati di vegliare sui bisogni di quelle popolazioni e di impedire abusi ed usurpazioni. Il Generale Clark, per esempio, era intendente per le regioni del Mississippi e del Missouri sotto la città di St. Louis.

Seguono alcune notizie riguardanti la tribù dei Sauk, intorno al 1770 essi vivevano più ad est, nei territori a sud dei Grandi Laghi, il loro capo era il leggendario "Ponthiak", amico dei francesi e nemico degli inglesi. Durante le guerre che opposero i due stati europei questo capo distrusse le guarnigioni dei forti di Detroit, sul lago St. Clair (oggi Ontario), e di Michilimakinac sul lago Huron ma morì assassinato da un sicario della tribù Ottawa, pagato dagli inglesi. Dopo questi fatti, tribù alleate degli inglesi, cioè: Ottawa, Potomac e i ferocissimi Winnebago decimarono i Sauk; una parte dei superstiti si spostò a nord unendosi agli Irochesi mentre un secondo gruppo, ormai ridotto a 4.500 persone, si spostò ad ovest sulle rive del Mississippi. Essi avevano capanne di forma ellittica con pareti in paglia e tetti di pelli e canoe ricavate da tronchi scavati. Riguardo al loro aspetto, ai loro ornamenti, al loro modo di vestirsi e di atteggiarsi e di colorarsi il volto e il corpo e alle loro acconciature (tipiche del nordest, "alla Mohicana" per intenderci) rimandiamo il lettore alle tavole a colori n° 3 e 4 incluse nel libro. Riprendendo la cronaca del viaggio, il giorno 11 aprile 1823 il battello si danneggiò urtando una roccia. Il 12 aprile durante i lavori di riparazione del battello, ancora una volta, Beltrami si inoltrò nelle foreste per "una passeggiata" e si imbattè in un enorme serpente nero macchiato di giallo che uccise e scuoiò per conservarne la pelle come trofeo, attirandosi l'ammirazione degli indiani. Il 13 aprile dopo aver fatto superare al battello delle rapide, per un tratto di ben 21 miglia, e dopo aver risalito il fiume per altre 9 miglia, avvistarono i ruderi di fort Madison nei pressi del luogo in cui i fiumi Yahowas e Della Puzzola si gettano nel Mississippi, si trovavano a 97 miglia da fort Edward e a 300 da St. Louis e finalmente la primavera cominciava a tingere di verde tenero le rive del fiume, le praterie e le foreste. Il 14 aprile raggiunsero "Rocky Island" a 160 miglia da fort Edward ed a 377 da St. Louis, nei pressi della foce del Rocky river sorgevano fort Armstrong e un villaggio di indiani Fox, alleati dei Sauk e ad essi del tutto simili. Il loro nome è la traduzione, in inglese, del soprannome dato loro dai francesi, Renards cioè Volpi, per la loro astuzia. Il vero nome di questo popolo era Onthaganiis, in tutto contava 1.600 persone suddivise in quattro villaggi; il loro territorio, verso nord, si spingeva poco oltre il fiume Turkey che si getta nel Mississippi da ovest. Il 15 aprile, a mez-

▶ **Tav. 02** - 21 marzo 1823. dopo aver conosciuto il Magg. Taliaferro e il Gen.Clark e averli seguiti fino a St Louis, Beltrami visita la città in compagnia del Maggiore. Qui sono nei pressi del porto.

March 21, 1823. After meeting Major Taliaferro and General Clark and following them up to St Louis, Beltrami visited the city in the company of the Major. Here they are near the harbor.

▲ **Lawrence Taliaferro,** Maggiore, probabilmente in origine il cognome era "Tagliaferro" ma nelle fonti americane ha perso la "G" non si sa quando; nato il 28 febbraio 1794 in Virginia, figlio di James Garnet Taliaferro, di lontana origine italiana e di Wilhelmina Wishart; comandante del 1° Infantry Regiment dal luglio 1813, quando incontrò Beltrami aveva 29 anni ed era incaricato di ispezionare i forti lungo il corso dell'alto Mississippi e di intessere rapporti pacifici e patrocinare la pace fra le tribù stanziate in quei territori, morì il 22 gennaio 1871.

Major Lawrence Taliaferro. Indian agent at Fort Snelling. Minnesota Historical Society (courtesy)

zogiorno, il battello fece sosta nei pressi del più esteso dei villaggi Sauk. Durante la sosta Beltrami notò la destrezza, con l'arco, dei fanciulli indiani e li mise alla prova facendoli tirare a delle monetine disposte a 25 passi di distanza ma presto desistette per non finire la scorta di monete. Conversando con i capi, stupiti che egli non fosse né inglese né francese né americano né spagnolo, raccontò loro di provenire dalla Luna ed essi gli offrirono un pranzo a base di orso affumicato e radici chiamate "Pokinotà". Quel pomeriggio i capi e diversi membri della tribù si agghindarono per la "Danza di Medicina" e Beltrami osservò la cerimonia e ce la descrive accuratamente (tavola a colori n° 4). Gli indiani, completata la loro toeletta, con i volti dipinti di tutti i colori e i corpi coperti di geroglifici, entrarono in uno spiazzo rettangolare recintato, munito di un accesso, ad oriente, sorvegliato da due "guardie" armate di arco e frecce che permettevano l'accesso solo agli officianti e agli iniziati, mentre gli spettatori osservavano dall'esterno. Gli iniziati, uomini e donne, sedettero ai lati nord e sud, ciascuno al posto riservato alla loro anzianità e grado. Officianti erano: un Presidente con un copricapo ornato di penne e munito da due corna di bufalo, vicino a lui una troupe di musicanti con tamburi e corni che emettevano ululati e lamentosi "canti", c'era poi, al centro del recinto, un Maestro di Cerimonia armato di mazza e infine un Oratore, discosto, a sinistra del Presidente. Dopo un breve discorso del Presidente e un lungo e fervente discorso dell'Oratore, ad un cenno del Presidente tutti gli adepti si disposero formando un cerchio con al centro il Maestro di Cerimonia e aiutati dalla "musica" iniziarono la danza. Tutti stringevano nella mano destra una pelle di lontra o castoro o altro piccolo animale, decorata e cucita a formare un sacco aperto alle due estremità. Ad un secondo cenno del Presidente iniziò la cerimonia, egli diresse il proprio sacco verso il vicino e vi soffiò dentro e quest'ultimo cadde a terra come morto, rinvenne poi lentamente, fra convulsioni e lamenti, dopo che il Presidente lo ebbe esorcizzato con misteriose formule. Dopo il rinvenimento, il resuscitato, era considerato puro e dotato di uno spirito nuovo. In seguito tutti i componenti del sacro cerchio subirono la stessa sorte, alla fine toccò anche al Presidente e dopo la sua rinascita arrestò la danza e concluse la cerimonia. Più tardi, Beltrami, pur con qualche difficoltà, riuscì ad acquistare il sacco di medicina usato dal Presidente durante la cerimonia, in cambio di whisky. Ripresero il viaggio il giorno dopo, 16 aprile, e dopo aver superato altre rapide, durante una sosta Beltrami, sbarcato per la solita escursione, uccise un serpente lungo un metro e mezzo e munito di 12 sonagli. Sei miglia oltre le rapide visitò un altro villaggio Fox. Quando più tardi il battello attraccò alla foce del fiume "La Fievre", saputo che la zona ospitava importanti miniere di piombo, Beltrami decise di andare a visitarle. Ripresa la navigazione raggiunsero il punto in cui il fiume Wisconsin si immette nel Mississippi da est. A quel tempo, in assenza di poste carrabili, lo Wisconsin era una importantissima arteria commerciale di traffico in entrambe i sensi di percorrenza; partendo dalla foce e risalendolo per 300 miglia si raggiungeva la regione chiamata "Green Bay" e con brevi trasbordi si raggiungeva il lago Michigan più ad est, e da quest'ultimo, era facile trasportare merci fino al forte Michilimakinac e poi in Canada o anche fino a New York. Sei miglia più a nord sostarono nella località detta "Prairie du chien", sede di un importante deposito mercantile; in quei luoghi, a 670 miglia dalle zone "civilizzate" del sud, la lingua francese era ancora la più diffusa e Beltrami trovò che la gente fosse più gentile. Nei pressi, a fort Crawford, il Generale Clark aveva subìto una sconfitta ad opera degli inglesi e degli indiani loro alleati, eccezionalmente in quell'occasione i vinti non furono sterminati. Questo aneddoto dà occasione a Beltrami di elencare (accuratamente) le atrocità commesse dagli indiani, alleati degli inglesi, nelle località di Chicago, Pidgeon Roos, Frenchtown e nei forti di Milden e Mejs. Quel giorno, a "Prairie du chien" c'era un grande raduno di indiani di varie tribù; fra gli altri, Beltrami ebbe occasione di osservare i ferocissimi Winnebago, alleati degli inglesi e amici dei

Sioux che parlano una lingua simile (unici fra gli indiani del nordest) e il nostro viaggiatore ipotizza che entrambe i popoli fossero originari del Messico, la tribù dei Winnebago contava 1.600 membri distribuiti su 12 villaggi. Vengono citati anche i Menomenis (altro nome dei Chippewa) e stima il loro numero in 1.200 membri. Nove miglia ancora più a nord si trovava una grande roccia, dipinta di rosso e di giallo, luogo sacro per i pellerossa. Il 24 aprile 1823, navigando di notte nel tratto vicino alle foci del fiume Iowa, che proviene da ovest, osservarono uno spettacolare e smisurato incendio delle foreste, che li accompagnò per 15 miglia. Il 25 aprile raggiunsero la "Prateria delle ali"; da questo punto, verso occidente, iniziava il territorio dei Sioux e sempre da qui cominciava la giurisdizione sotto la responsabilità del Magg. Taliaferro. Un capo Sioux di nome "Wabiscin-Houwa" venne a bordo per incontrarsi con il Maggiore e Beltrami assistette ai riti di etichetta (Calumet della pace ecc.); questo nuovo personaggio dà occasione a Beltrami per descrivere all'amica Contessa la figura del capo indiano, l'aspetto dei Sioux in genere, le loro acconciature, le loro tende e le loro canoe, noi rimandiamo il lettore alla tavola a colori n° 7 (indiani in ultima fila) e alla n° 9. L'accampamento di questi Sioux, situato 154 miglia a nord di "Prairie du chien", era immerso in un paesaggio di bellezza straordinaria composto di dolci colline, pianori, foreste e ridenti praterie. Più a nord di altre 50 miglia si stende il lago Pepin, poco prima di incontrare il lago due fiumi si gettano nel Mississippi provenendo da est, sono il Buffalo e il Cypaways.

Questo lago era associato alla storia triste di una principessa indiana, che a causa di un amore contrastato simile alla tragedia di Romeo e Giulietta, finì col suicidarsi gettandosi da una roccia sovrastante il lago; il padre della fanciulla, sebbene molto vecchio, era ancora in vita e venne a far visita al Maggiore, il suo nome era Tantangamani mentre la sfortunata principessa si chiamava Holaoithà; il loro accampamento sorgeva 5 miglia a nord del lago e in quel luogo Beltrami acquistò un arco e una faretra, in cambio di tabacco e polvere sa sparo. Proseguendo la navigazione, presto, si incontra il fiume Canon proveniente da ovest e 40 miglia più a nord il fiume St. Croix proveniente da est; il tratto del Mississippi compreso fra questi due fiumi è suggestivamente incassato fra rocce scoscese ed è più stretto e profondo.

I territori verso le sorgenti del fiume St. Croix appartenevano ai Chippewa ma i Sioux glieli contendevano. Dopo altre 22 miglia di navigazione verso nord in una località chiamata "Marais" sorgeva il villaggio del capo Sioux Chatewacona-Mani (Piccolo corvo). Il 29 aprile 1823 il battello si fermò per rifornirsi di legna, Beltrami sbarcò e in compagnia dei Sioux si recò a visitare una caverna sacra a 13 miglia dal campo di Marais; la caverna, profonda un miglio, con le pareti decorate era molto pittoresca e ospitava un'acqua limpidissima in cui gli indiani si purificavano lavandosi, lavando gli abiti e poi danzando attraverso un fuoco. Il 30 aprile 1823 il battello finalmente raggiunse il forte St. Anthony dove il comandante del forte, Colonnello Snelling, accolse Beltrami molto gentilmente, offrendogli ospitalità nei propri appartamenti per tutto il tempo in cui si sarebbe trattenuto presso il forte (circa due mesi). Il forte St. Anthony dista da St. Louis 925 miglia.

▶ **Tav. 03** - 6 aprile 1823. Prima che il battello parta da St. Louis con destinazione St. Anthony, Beltrami assiste al colloquio del Gen.Clark e del Magg. Taliaferro con un capo indiano della tribù dei Sauk di nome "Grande Aquila".

April 6, 1823. Before the boat starts from St. Louis to St. Anthony, Beltrami attends General Clark and Major Taliaferro's interview of an Indian chief of the Sauk tribe named "Big Eagle."

IL FORTE SANT ANTHONY

LETTERA 4) Argomento: I territori e gli indiani nei dintorni di forte St. Anthony.

Redatta il 10 giugno 1823 presso il forte.

Inizia con la descrizione dello stupore dimostrato dagli indiani accampati presso il forte nel vedere il battello, a vapore, che risaliva il fiume senza l'aiuto di remi o di vele, e il rispetto che per tale prodigio essi riservarono al Maggiore, ai passeggeri ed ai marinai. Subito dopo ci viene descritto il forte e il territorio limitrofo, che riassumiamo brevemente, rimandando il lettore, per ulteriori dettagli, alla pagina ad esso espressamente dedicata.

St. Anthony era (ed è) situato circa alla stessa latitudine di Bergamo ma il clima fortemente continentale comporta inverni molto più rigidi; era anche la postazione militare, lungo il corso del Mississippi, più settentrionale degli Stati Uniti. Il paesaggio in cui era immerso ci viene descritto "di ridente varietà" a sud e ad est, mentre quello a ovest e a nord come "praterie con boschetti sparsi e laghetti pescosi". La zona era al centro di numerose tribù selvagge.

Il comandante, Colonnello Snelling, dirigeva le sei compagnie di soldati ivi presenti e sovrintendeva anche i forti Edward, Armstrong e Crawford. Nei dintorni, a parte gli indiani accampati fuori le mura, non vi erano che poche baracche ospitanti gli agenti della Compagnia commerciale americana del sud-ovest ed un mulino, al servizio del forte, situato accanto alle cascate di S. Antonio sul Mississippi otto miglia a monte del forte. Durante i due mesi di permanenza al forte, Beltrami, conversando con ufficiali, soldati, guide, interpreti, commercianti ed infine con gli indiani stessi (di cui si attirò la simpatia che in seguito gli salvò la vita) raccolse una quantità di dati geografici, antropologici, storici, aneddoti e leggende che andò ad annotarsi accuratamente (attirandosi però un po' di diffidenza da parte di alcuni militari). In questa lettera riporta in dettaglio i nomi delle tribù Sioux di questo territorio e i nomi dei loro capi, in lingua Sioux e la loro traduzione, la loro dislocazione e il numero di persone in forza a ciascun villaggio, stimando un totale ammontante a 44.950 persone.

Viene poi citato il popolo degli Assiniboins, stanziato più lontano verso nord-ovest, affermando che essi parlavano la stessa lingua dei Sioux e di aver saputo che 200 anni prima essi costituivano con i Sioux un solo popolo, proveniente dal Messico e chiamato Dakotas (infatti il nome Sioux fu attribuito loro dai francesi ed è una parola gergale che più o meno significherebbe "tagliagole"). I Dakotas si sarebbero poi divisi a seguito di una vicenda che a Beltrami ricorda quella creata da Elena fra Achei e Troiani 3.200 anni or sono. Gli Assiniboins vivevano anch'essi di caccia al bisonte e contavano in tutte circa 25.000 membri, più o meno come i Chippewa che abitavano a nord e ad est del forte ma in villaggi piccoli e molto dispersi sul territorio. Fra gli indiani la forza da combattimento era rappresentata da circa un quinto dei componenti delle tribù ma, all'occorrenza, si mobilitavano anche i vecchi le donne e i fanciulli.

◄ **Tav. 04** - 15 aprile 1823. Durante una sosta del battello, visitando nei pressi il più esteso dei villaggi Sauk, Beltrami assiste alla cerimonia della "Danza di Medicina".

April 15, 1823. During a boat stop, while visiting the largest of Sauk villages, Beltrami witnesses the "Medicine Dance " ceremony.

Ci viene poi precisato che, secondo le sue fonti, nel nord-est degli Stati Uniti erano presenti quattro lingue native: l'Algonquin a nord, il Cherokee a sud, l'Irochese ad est ed il Nordowey ad ovest (quest'ultima, lingua dei Sioux, oggi definita del gruppo Uto-Azteco). Sebbene le tribù Sioux fossero indipendenti una dall'altra esse erano confederate fra loro e la loro religione e alcune tradizioni erano diverse da quelle degli altri popoli di quei territori.

A proposito della religione dei nativi, Beltrami, in base alle osservazioni da lui effettuate, ne ricava un'impressione che lo lascia piuttosto scettico e ci scrive di "tradizioni senza vere divinità (in gran parte spiriti buoni o cattivi, i primi da invocare e gli altri da placare), cerimonie senza culto e superstizioni senza religione".

Avendo notato che molti indiani, uomini e donne, recavano sul corpo, sugli abiti e negli ornamenti dei decori a forma di croce, scoprì che la loro origine proveniva dai missionari francesi i quali, essendosi sempre comportati correttamente e rispettosamente nei loro confronti, se ne erano attratti a loro volta il rispetto e la simpatia.

Beltrami parlando delle assemblee dei capi, cui ebbe occasione di assistere, accenna alla cerimonia del "Calumet" (Sacra Pipa) precisando che per la pace esso è di colore azzurro mentre per la guerra è di colore rosso, e osservando i loro atteggiamenti solenni li paragona a quelli degli antichi senatori ed oratori greci e romani e rimane stupito dal fatto che i capi indiani (a differenza dei governanti europei) invece di ricevere regali e riscuotere tasse, al contrario, distribuiscono doni, tanto che, alla fine, essi rimangono a mani vuote. Avendo notato poi l'arrivo di una grande flottiglia di canoe cariche di indiani Chippewa dedica ad essi un nuovo capitolo. In primo luogo loda l'eleganza, la leggerezza e la capienza delle loro canoe che lunghe fino a cinque o sei metri, larghe un metro e profonde poco più di mezzo metro, erano in grado di trasportare fino a cinque o sei persone più le loro masserizie, rimase stupito che il loro scheletro fosse composto da verghe dello spessore di un dito ed avessero un rivestimento "sottile come carta" fatto di corteccia interna di betulla (in realtà il rivestimento delle canoe, sebbene sottile, aveva uno spessore pari a 9 strati mentre quello del tetto delle capanne aveva uno spessore di tre strati e i loro recipienti uno spessore di due strati, ai nostri giorni un moderno foglio di compensato di betulla da un millimetro contiene 5 strati).

Lo scheletro era legato con funicelle di radice d'abete rinforzato con assicelle di cedro leggero, il rivestimento era incollato con resina d'abete bollita e spesso mischiata con polvere di carbone (che la rendeva meno fragile al calore) poi veniva cucito di solito dalle donne con fili di radice d'abete battuta e bagnata. Beltrami acquistò da loro un modellino di canoa e un campione di colla "segreta" (forse ogni costruttore aveva una sua ricetta). Le loro capanne vengono descritte come un esempio delle loro canoe, a rovescio, in effetti avevano uno scheletro di verghe di carpine o di olmo piantate e piegate ad arco rinforzate da altre, legate ad esse con funicelle di fibra di tiglio, disposte perpendicolarmente agli archi a formare dei cerchi; il tutto rivestito da stuoie di stancia che sulla sommità venivano protette con fogli di scorza

▶ **Tav. 05** - Dal 30 aprile al 7 luglio 1823 Beltrami è ospite presso il forte St. Anthony (Minnesota) e durante il soggiorno fece spesso brevi escursioni (entro un raggio di 15 miglia dal forte). Qui è raffigurato durante una battuta di caccia mentre osserva il forte e due accampamenti indiani, uno Sioux e uno Chippewa.

From April 30 to July 7, 1823 Beltrami was guest at Fort St. Anthony (Minnesota) and during his stay he often did some hiking (within a 15-mile radius from the fort.). Here he is depicted during a hunting trip, while observing the fort and two Indian camps, a Sioux and a Chippewa one.

di betulla di un metro per due. Queste capanne, di forma a cupola o a cono, avevano un foro centrale per lo sfogo dei fumi. I Chippewa trasportavano sempre con loro una scorta di fogli di scorza di betulla in rotoli, legati con funicelle di fibra di tiglio. L'idioma di questi indiani era l'algonquin puro. Essi vivevano dispersi in piccole comunità su un territorio vastissimo che andava dall'Ontario al Winnipeg in territorio canadese a nord, a sud si spingeva fino alla riva settentrionale del fiume St. Peter, ad ovest raggiungeva il corso del fiume Rosso e ad est arrivava fino al Michigan. Beltrami li ritiene di fisico più robusto rispetto ai Sioux ed ai Sauk, e descrive il loro abbigliamento e i loro copricapo (vedere la tavola a colori n° 6 e tutte le seguenti, esclusa la n° 9 dedicata ai Sioux), ci parla delle loro assemblee, del loro culto (argomenti estesamente trattati nella lettera n° 5) e della loro atavica inimicizia con i Sioux. Apprende dal capo Chippewa di nome Eskibugecogè che essa risale nel tempo di ben 3.000 lune (circa 250 anni), cioè al periodo della conquista spagnola del Messico, confermando Beltrami nella sua ipotesi dell'origine Messicana dei Sioux; inoltre il capo afferma che essi vennero dal sud e massacrando i Chippewa li spinsero verso nordest fino ai territori che occupavano il quel momento. Gli americani fecero numerosi tentativi di pacificare i due popoli (per commerciare con più tranquillità), anche il Gen. Cass, Governatore del Michigan, nella sua spedizione di quattro anni prima alla ricerca delle sorgenti del Mississippi (che secondo lui si sarebbero trovate presso il Red Cedar lake), caldeggiò e fece concludere un trattato fra le due tribù, ma esso fu di breve durata. Ci viene poi descritta l'assemblea dei capi convocata dal Magg. Taliaferro, a cui Beltrami stesso assistette (Tav. a colori n° 7), con lo scopo di rinnovare la pace. La Pace fu ratificata il 2 giugno e il 4 giugno rischiò una grave rottura. Fortunatamente la crisi fu superata ancora con l'intermediazione del Maggiore. Infine ci viene descritto l'aspetto delle donne Chippewa (Tav. a colori n° 6 e n° 17).

LETTERA 5) Argomento: usi, costumi, cerimonie, metodi di caccia e di guerra degli indiani d'America.

Redatta il 28 giugno 1823 presso il forte St. Anthony.

La lettera inizia facendo riferimento ad una promessa del Magg. Taliaferro di accompagnare Beltrami in un viaggio fino alle sorgenti del fiume St. Peter (nell'odierno stato del North Dakota) al fine di mostrargli quelle terre e i Sioux che le abitavano; il nostro concittadino insinua la sua intenzione di approfittarne per poi proseguire alla ricerca delle sorgenti del Mississippi (verso nordest) ancora avvolte nel mistero, rammaricandosi però che ragioni di salute del Maggiore ed altri impicci lo costringano a rimandare l'evento. Poi in questo stesso scritto ci offre un interessantissimo saggio di antropologia basato sulle esperienze dirette e sulle testimonianze da lui raccolte dalle "fonti più pure" durante il suo soggiorno al forte, precisiamo inoltre che qui come in altre parti della sua opera le espressioni "atrocità" e "torture indicibili" nascondono precisi riferimenti e dettagliate descrizioni che non abbiamo ritenuto necessario riportare.

LA MUSICA: accompagnata da canti sempre lamentosi risulta un po' aliena alle orecchie di un europeo sebbene non sia priva di una certa espressività, essa accompagna sempre le danze; gli strumenti sono tamburi, fischietti, una specie di nacchere, campanelli (fissati ai tamburi,

▲ **Josiah Snelling,** Colonnello, nato nel 1782, figlio di William Joseph Snelling, fu comandante del 5° Infantry Regiment e dal 1820 comandante ed architetto del forte St. Anthony. Incaricato di costruire il forte, trascurando il vecchio fortino già presente nei pressi, decise di rifarlo nuovo più grande e massiccio e di posizionarlo su uno sperone roccioso che dominava sia il corso del Mississippi che il braccio nord della foce del fiume St. Peter (oggi Minnesota river). Iniziò la costruzione nel 1820 e la concluse nel 1824, l'anno successivo alla visita di Beltrami. Nel 1825, per gravi motivi di salute, fu rimosso e trasferito, la malattia però non lo abbandonò e morì tre anni più tardi il 20 agosto 1828. Pare che durante il suo soggiorno al forte, con moglie e figli, su sollecitazione della moglie che, circondata solo da soldati ed indiani, probabilmente desiderava un po' di vita sociale, il colonnello ospitasse frequentemente amici, conoscenti o visitatori interessanti (come Beltrami per esempio); al momento del soggiorno di Beltrami il colonnello aveva 41 anni.

Oil on canvas painting of Colonel Josiah Snelling, c.1818. Artist unknown. Holding Location Minnesota (courtesy)

ai bastoni rituali, ai gambali, ai polsi) e globi di pelle contenenti semi o sassolini che in mano ai danzatori vengono scossi, segnando il ritmo, e che per il suono che emettono sono chiamati "Cicikoi'es". Tutte le cerimonie avvengono nei mesi non invernali essendo quelli invernali dedicati solo alla caccia, senza eccezioni.

DANZA DEI VALOROSI: un fanciullo "veggente" (i cui segni, raccolti e interpretati dallo sciamano piegandoli al proprio volere, erano utilizzati per adulare ed eccitare i danzatori) apriva un corteo di guerrieri, debitamente dipinti e acconciati, disposti su una o due file in base al loro numero, il fanciullo aveva un copricapo di penne era armato di arco e frecce e munito di un "Cicikoi'es" ed era dipinto come i guerrieri. Raggiunta l'area rituale, i danzatori, emesso un muggito, formavano un cerchio intorno al fanciullo, il quale "posseduto" con gli occhi rivolti a terra pronunciava formule incomprensibili per tutti, alla fine quando alzava la testa i guerrieri iniziavano a saltare e a contorcersi, muggendo, mentre un apposito "coro" li accompagnava con canti e tamburi e un maestro di cerimonia, munito di un apposito tamburo, regolava lo svolgimento della danza.

DANZA DEI MATRIMONI. A cui erano ammesse anche le donne, contrariamente al solito.

DANZA DELLA PACE: con cui si consacrava il "Calumet" (Sacra Pipa) prima di passarla al destinatario della festa, i presenti danzavano intorno al fuoco agitando, a turno, il calumet sopra le fiamme e in aria, infine il capo, con le formalità dovute, lo consegnava al destinatario (per la pace il calumet era di colore azzurro).

DANZA DELLA GUERRA: (impressionante) prima di partire per la spedizione, tutti i guerrieri si riunivano in cerchio armati e acconciati, fregiati di una penna per ogni guerriero ucciso in passato, il capo li arringava eccitandoli, poi portatosi al centro del cerchio, armato di mazza o di tomahawk, colpiva una figura tracciata sul terreno simboleggiante il nemico, successivamente tutti i guerrieri facevano lo stesso e continuando a colpire convulsamente agitando le armi talvolta ferivano un vicino, alla fine un "Arco di Medicina" passava di mano in mano concludendo la cerimonia.

DANZA DELLA VITTORIA: (terribile) i guerrieri danzavano intorno a lance o pertiche piantate nel terreno, con infisse teste, orecchie, lingue, cuori e scalpi di nemici e di famigliari di nemici, sotto gli occhi di eventuali prigionieri, alcuni dei quali erano destinati essi stessi al sacrificio, fra atroci tormenti.

DANZA PER SACRIFICI PUBBLICI: aveva sempre luogo sulla riva di un fiume o di un lago vicino al villaggio, si teneva in occasione dei raduni di grandi assemblee per deliberare gravi decisioni, dopo aver fumato il calumet e dopo aver invocato i loro Manitou, si sacrificava qualcosa "di poco conto" (secondo Beltrami, ma forse qualche volta anche un prigioniero) poi

◄ **Tav. 06** - Beltrami, durante il soggiorno al forte, conversò con guide, interpreti, commercianti, soldati ed indiani, osservando ed annotando notizie storiche, etniche e geografiche.

During his stay in the fort, Beltrami conversed with guides, interpreters, traders, soldiers and Indians, observing and annotating historical, ethnic and geographical information.

si eseguiva una danza. Si danzava, compiendo sacrifici anche in primavera per purificarsi e in autunno per propiziarsi una buona caccia invernale.

DANZA PER SACRIFICI PRIVATI: aveva luogo nella tenda di colui che lo compiva, per vari motivi personali o anche su "ispirazione" di uno spirito. La tenda veniva vuotata e ripulita anche dai resti del focolare, il pavimento veniva cosparso di fiori e foglie, un nuovo fuoco veniva acceso e si purificava l'ambiente con il fumo di erbe, radici e tabacco. La cerimonia si concludeva con una danza.

PRANZI SACRI: ogni convitato era obbligato a mangiare tutto ciò che gli veniva posto sul pezzo di corteccia che fungeva da piatto, un indiano era in grado di mangiare tutte le provviste di cui disponeva in un solo giorno e digiunare poi per alcuni giorni, anche in questo caso la cerimonia si concludeva con una danza.

DANZA DI MEDICINA: un certo numero di "iniziati" si disponeva in cerchio intorno al paziente che durante la danza veniva coperto di erbe, cortecce e radici, ogni danzatore, munito di un cannello da pipa, soffiava, a turno, sulla parte malata dell'infermo, infine quest'ultimo veniva scosso e lo sciamano gli soffiava in bocca per scacciare il cattivo spirito.

LA MEDICINA: venivano utilizzate piante e radici medicinali (non sempre per i loro "principi attivi" ma anche per i loro poteri "magici"). Ogni capo famiglia, ogni donna anziana, quasi ogni indiano ne aveva una propria collezione conservata nel personale "Sacco di Medicina" che custodivano gelosamente (alcuni ne avevano anche uno piccolo tenuto al collo).

LA CHIRURGIA: veniva esercitata anche dalle donne; la pelle del malato veniva grossolanamente incisa, sull'incisione (o sulla ferita) veniva applicata l'apertura maggiore di un corno e attraverso la parte piccola si succhiava il sangue, che veniva sputato, fino ad averne cavata la giusta quantità. Sulle piaghe e sulle ferite, lavate con decotti, venivano applicate erbe, muschi o radici allo stato naturale.

LA RELIGIONE: il Grande Spirito, che pare fosse il Sole, era chiamato Kitechi-Manitou dai Chippewa e Tango-Wacoon (forse Wakan-Tanka) per i Nardowkies (altro nome dei Sioux), anche la Luna veniva onorata così come i buoni e i cattivi spiriti; inoltre ogni indiano aveva un proprio animale protettore che evitava di uccidere anche a scapito della propria vita.

IL GOVERNO: ogni gruppo costituiva una tribù con un capo civile ed uno militare, talvolta un capo di talento aveva influenza su più di una tribù e qualcuno sull'intera nazione. Ogni nazione, tribù o banda aveva un proprio nome e un proprio simbolo, quasi sempre in forma d'animale, e se ne serviva per ratificare le decisioni durante le Adunanze ed i Consigli. I Consigli Generali erano composti da tutti i capi, oratori, profeti e sciamani di tutte le tribù della nazione. I Consigli Particolari erano formati dagli stessi personaggi più tutti i capo famiglia della sola tribù di appartenenza. Non esisteva, tuttavia, alcun potere coercitivo ma solo il principio "chi mi ama mi segua", pertanto ognuno era libero di sottostare o no alle delibere dei Consigli e dei capi; oltretutto la minima apparenza di comando urtava ed irritava il singolo pellerossa.

▲ **FORTE ST.ANTHONY** coordinate N. 44° 53' 34" W. 93° 10' 50"

Ancora presente ai nostri giorni quasi identico, fu utilizzato fino al 1947; oggi è un monumento storico. Poco tempo dopo la visita di Beltrami fu ribattezzato FORT SNELLING in onore del suo costruttore, architetto e comandante. Esso è situato sul bordo sud-est della città di Minneapolis, capitale economica dello stato del Minnesota che a quei tempi era territorio selvaggio; oggi nei pressi c'è un ponte che attraversa il Mississippi e immediatamente al di là del ponte c'è un'altra città, Saint Paul capitale politica dello stato del Minnesota. Questo forte, situato su uno sperone roccioso che domina sia il Mississippi che il ramo settentrionale del fiume Minnesota (ex St. Paul river) al suo sbocco nel Mississippi, ha conservato l'impianto originale a forma di rombo allungato con la punta acuta ad est che domina i due fiumi sottostanti munita di una cannoniera a forma di mezzaluna; la punta acuta opposta (che si affaccia sulle pianure ad ovest) è munita di una torre circolare alta 10 metri e larga altrettanto e presenta una doppia fila di feritoie e uno o più cannoni alla sommità. Sui due angoli ottusi (rivolti a nord e a sud) sorgono due massicce torrette da difesa. Ogni lato del rombo ha una lunghezza di circa 150 metri; mura e torri sono tutte in pietra arenaria. Gli edifici interni, adiacenti ma non aderenti alle mura, erano e sono lunghi e bassi, solo l'edificio del comando presso la cannoniera è un po' più alto. Ai tempi di Beltrami otto dei dieci edifici erano già in arenaria mentre due erano in legno di pino. Una rampa ripida metteva in comunicazione la porta sud-ovest (le porte erano due una a sud –ovest e una a nord-ovest) con il fiume St. Peter (oggi Minnesota river) che scorre più in basso. La rampa esiste ancora oggi, è asfaltata e a metà si biforca girando intorno allo sperone che sostiene il forte, raggiungendo anche il Mississippi. Lo sperone oggi è coperto di alberi (è un parco) ma al tempo era nudo, altrimenti i difensori del forte avrebbero avuto problemi a tenere sott'occhio le rive dei due fiumi. Dato che ai tempi di Beltrami il forte non era del tutto ultimato, probabilmente all'esterno del lato sud-ovest (dove c'è uno spiazzo rettangolare allungato davanti alla porta che dà accesso alla rampa, a un livello leggermente inferiore rispetto alla porta) era presente una foresteria protetta da palizzate per ospitare alcune baracche ad uso magazzino o alloggio per commercianti e accumulare merci e materiali da costruzione. Il forte era difeso da sei compagnie di soldati e fu costruito esclusivamente con il lavoro dei soldati stessi (come ,ai loro tempi, avevano fatto i soldati delle legioni romane); inoltre il terreno pianeggiante verso ovest, assegnato al forte ma all'esterno di esso, aveva una superficie di nove miglia quadrate e ai soldati vennero assegnati appezzamenti di terra da coltivare ad orto e a cereali o anche per allevare mucche e cavalli (non pecore a causa dei rigidi inverni),c'erano anche minuscoli laghetti in cui era possibile pescare ed un mulino situato sul Mississippi otto miglia a monte del forte, pertanto tutto il complesso era quasi autosufficiente; sembrerebbe che il colonnello Snelling conoscesse bene l'organizzazione delle legioni romane stanziate ai confini dell'impero..

Fort Snelling in the background; Pike Island in the middle; the settlement of Mendota in the left foreground paint by John Casper Wild (1804-1846)

LA GIUSTIZIA: non avendo leggi scritte ne distributive, ne repressive, ne penali, i delitti più gravi (e talvolta i meno gravi) erano puniti con il codice della vendetta, implacabile, senza termini di decadenza, e senza limiti territoriali. Tuttavia chi periva di vendetta non veniva vendicato (altrimenti la tribù si sarebbe autodistrutta). Solo la legittima difesa veniva (non sempre) riconosciuta, dando luogo ad un risarcimento.

LE ESEQUIE: Il defunto, agghindato e acconciato e col volto dipinto, veniva posto a sedere, su una pelle o una stuoia, in mezzo alla tenda con il volto rivolto ad oriente e con le armi al fianco. I parenti, seduti intorno, a turno ne vantavano le virtù, ne tessevano gli elogi e manifestavano il loro rimpianto; in seguito gli amici, passandogli vicino, facevano lo stesso. Dopo le orazioni il morto veniva avvolto in una pelle o in una coperta e insieme alle armi veniva rinchiuso in una "bara" di cortecce legate con funicelle. Il mattino seguente, all'alba, la bara veniva posta su due cavalletti fuori dalla tenda e i parenti cominciavano a gridare fino a perdere la voce e nel frattempo gettavano via tutto ciò che possedevano, dagli ornamenti alle pentole, mentre gli amici raccoglievano gli oggetti e se li portavano via. Più tardi i famigliari, con tutte le loro provviste (o in mancanza sacrificando un cane), preparavano un pranzo che gli amici consumavano completamente. Al tramonto i parenti ripetevano i lamenti del mattino mentre gli amici si allontanavano.

La bara restava sulla porta tre o quattro giorni, per ricevere gli elogi di tutti i passanti, se faceva caldo gli elogi venivano fatti da lontano. Trascorso il termine, un corteo accompagnava la bara alla sepoltura; per i Chippewa sotto un tumulo non molto alto, contrassegnato da un cippo rosso se il defunto era stato una persona illustre, i Sioux invece issavano il feretro su una piattaforma, sostenuta da pali infissi nel terreno, fino a quattro o cinque metri da terra. Tornati al villaggio, i parenti gridando si battevano il corpo oppure si ferivano con coltelli o rami spinosi o stecchi appuntiti, alcuni con cautela, altri con meno cura e talvolta con gravi conseguenze. Per più di un mese, all'alba e al tramonto, i parenti innalzavano i loro i loro lamenti e per anni celebravano l'anniversario; durante il primo anno si tingevano il volto completamente di nero mentre nel secondo anno si tingevano il volto di nero solo per metà. Se il decesso avveniva d'inverno, stagione di caccia senza eccezioni, disseccavano il cadavere e dopo averlo avvolto con erbe e foglie lo chiudevano nella bara di corteccia poi lo issavano su un albero molto alto. In primavera, finita la caccia, quando la tribù si trasferiva nel campo estivo, finalmente si compivano tutti i riti prescritti come se il defunto fosse spirato in quel momento.

I MATRIMONI: Prima di tutto l'uomo chiedeva il consenso alla donna e poi al padre della ragazza, compiuti questi preliminari, gli amici dello sposo e le amiche della sposa si recavano presso la tenda di un parente del giovanotto e imbandivano un banchetto in cui si cantava e si danzava. Durante la festa, la sposa si presentava sulla soglia della tenda annunciando il proprio nome e chiedendo se il fidanzato fosse presente. Gli amici la facevano entrare e la presentavano allo sposo che ritto al centro della tenda le porgeva i complimenti d'uso e la invitava a

◄ **Tav. 07** - 2 e 4 giugno 1823. Presso il forte St. Anthony, Beltrami fu testimone di due conferenze di pace fra Sioux e Chippewa, organizzate dal Magg. Taliaferro.

June 2 and 4, 1823. At Fort St. Anthony, Beltrami witnessed two peace conferences between Sioux and Chippewa, organized by Major Taliaferro.

sedere accanto a lui su una pelle stesa a terra. Il parente, proprietario della tenda, faceva un breve discorso e lo sposo porgeva alla ragazza un mazzetto di erbe delicatamente profumate (Beltrami ne conservò uno per la propria collezione), dopo di che gli amici si ritiravano e rimanevano solo pochi intimi dei due sposi. Al termine del banchetto e della danza, la sposa, accompagnata da una donna, ritornava dal proprio padre. Il giorno seguente, lo sposo si recava dal padre della sposa portandogli dei regali e gli chiedeva di nuovo la mano della figlia. Il padre accordava il permesso a patto che lo sposo accettasse di vivere per un anno nella sua tenda (del padre) e andasse a caccia per lui. Questo avveniva fra i Sioux; fra i Chippewa, invece, lo sposo restava vincolato fino alla nascita del primo figlio. Il giorno successivo al consenso definitivo veniva compiuto un sacrificio privato, con le modalità descritte in precedenza. Tuttavia spesso accadeva che gli sposi, semplicemente, convivevano dopo aver fatto qualche regalo al padre della sposa ed i figli erano considerati legittimi esattamente come quelli nati da un matrimonio formale. I divorzi erano facili, se le parti erano concordi, mentre i figli, se piccoli restavano con la madre, se già grandi (oltre i 14 anni) andavano con chi volevano. Erano consentiti anche mutui scambi di mogli, senza querele o vendette; in qualche caso una sola donna veniva condivisa fra più uomini della stessa tenda o della stessa tribù, mentre nel caso che un uomo avesse più mogli (fino a cinque o sei) ne teneva due nella propria tenda e le altre abitavano presso parenti o anche presso terzi. Capitava anche che un uomo concedesse temporaneamente ad un altro (anche straniero) una moglie o una figlia, non per prostituzione, ma solo nella speranza di avere un figlio con particolari caratteristiche, oppure perché ritenevano lo straniero dotato di un buono o di un cattivo spirito, in tal caso lo spirito buono gli avrebbe portato fortuna mentre quello cattivo avrebbe evitato di portargli sfortuna.

LA GUERRA: convocato il Consiglio, deliberata la guerra, fumato il calumet di colore rosso (quello azzurro era per la pace), i guerrieri, cioè i maschi superiori ai 14 anni, venivano eccitati dai discorsi dei Capi che li invitavano alla vendetta, al coraggio e all'onore e messi in furore dalla danza rituale (con cui talvolta si sacrificava un prigioniero); i volontari partivano per la guerra al seguito del guerriero più valoroso, esperto e carismatico. C'era stato un tempo in cui si inviava un araldo presso il nemico per dichiarare formalmente la guerra ma visto che quasi sempre veniva ucciso, già ai tempi di Beltrami, si attaccava il nemico senza alcun preavviso.

Gli indiani sapevano avvicinarsi al nemico, anche strisciando sul terreno per giorni, senza mangiare e in assoluto silenzio per cogliere il nemico di sorpresa; se scoperti potevano disperdersi e svanire in un istante, ricongiungendosi poi in un luogo prestabilito. Nell' assalto erano feroci e spietati, arrivando talvolta a mangiare la carne dei nemici, più spesso ne bevevano il sangue e se ne imbrattavano il corpo.   Se una tribù temeva un assalto, visto che sede dell'accampamento erano spazi aperti in riva a laghi o fiumi (proprio per avvistare in tempo i nemici ed avere più vie di fuga), gli indiani erano in grado, in un batter d'occhio, di imbarcare armi, bagagli, cani e famiglie, e spostarsi rapidamente in località molto lontane. Ritornando vittoriosi, se non dovevano temere reazioni, portavano con loro dei prigionieri alcuni dei quali destinati a essere sacrificati fra atroci tormenti che quasi sempre la vittima sopportava stoicamente.   Se un prigioniero fosse riuscito a sfuggire ai catturatori per far ritorno alla propria tribù egli non ne sarebbe più stato considerato membro, perché i catturati venivano considerati morti e la tribù ricordava solo quelli che avevano saputo morire. I vincitori, giunti nei pressi del loro villaggio, si annunciavano con grida convenzionali, comunicando gli esiti della spedizione. In seguito, un Consiglio stabiliva chi fra i prigionieri doveva essere sacrificato e chi doveva essere assegnato come schiavo a chi di diritto, in base alle perdite subite in combattimento, in base ai meriti o in base alle necessità personali. Il Consiglio decretava anche gli onori militari in proporzione ai nemici uccisi; se il nemico era stato ucciso da una o più frecce si guardava il marchio sulla freccia che lo aveva colpito in un punto vitale (ogni guerriero aveva un proprio marchio), se il nemico era stato ucciso con arma da taglio o arma da fuoco faceva fede il possesso dello scalpo, il possessore otteneva il merito anche se la vittima era caduta sotto i colpi di un altro. A questo proposito, è interessante sapere che ogni guerriero decorava il proprio ciuffo o treccia o cresta sull'occipite in vario modo in segno di sfida verso il nemico, come a dire "guarda come è bello il mio scalpo, prova a strapparmelo, se ci riesci". In caso di guerra in campo aperto, quando la sorpresa non era più possibile, se le forze in campo erano equivalenti i due gruppi si scontravano direttamente; se le forze erano disuguali e il gruppo meno numeroso non aveva vie di fuga, i suoi componenti si "trinceravano" scavando rapidamente buche nel terreno bersagliando poi i nemici dalle buche, mentre alcuni (con archi o fucili) tiravano al nemico, altri proteggevano i loro fianchi. Dato che gli assaliti, rintanati, non offrivano un facile bersaglio, gli assalitori utilizzavano gli archi effettuando un tiro "a parabola", con una precisione spesso sorprendente.

LA CACCIA: era la principale attività, alla base della loro educazione, e che contrassegnava la loro esistenza. Un buon cacciatore era onorato quanto un valoroso guerriero. Ogni indiano ospitava in sé due diverse personalità, una prevalentemente oziosa che emergeva nei mesi "caldi" ed una infaticabile, industre e ingegnosa , che emergeva nei mesi di caccia invernali, dedicati senza eccezioni solo e soltanto alla caccia. Gli animali da pelliccia che essi perseguivano erano: il castoro, il rat-musquè, la lontra, la martora, il gatto selvatico, la puzzola, la lince, il tasso, il racoon, la volpe, l'ermellino, il gopher, lo scoiattolo, il cane di prateria, l'orso e il lupo; gli animali da pelle da concia erano: il bufalo, il capriolo, il daino, l'antilope, il cervo, la renna e la capra di montagna. Gli indiani ne mangiavano la carne oppure la conservavano per l'estate, facendola seccare o affumicandola. Le pelli venivano conciate e barattate presso i commercianti in cambio di altri beni di prima necessità o di ornamento, mai con moneta di cui non conoscevano il valore. Prima di iniziare la stagione di caccia celebravano i loro riti e compivano i loro sacrifici con una danza purificatrice e propiziatrice, il colore prescritto per il rito era il nero.

IL CALENDARIO: l'anno era diviso in 12 lune e ogni luna era divisa in "sonni" (contavano le notti non i giorni). Sebbene non contassero gli anni ne festeggiavano l'inizio; i Sioux all'equinozio di primavera mentre i Chippewa al solstizio d'estate. Beltrami elenca nel suo scritto i nomi, molto poetici, delle lune Sioux e di quelle Chippewa, in lingua nativa e con la loro traduzione. I giorni erano divisi in metà e quarti, misurando il percorso del Sole dall'alba al tramonto.

I NUMERI: sapevano contare certamente fino a mille, e probabilmente anche oltre, ma già questo numero, per loro, era così elevato che non veniva mai raggiunto nelle loro transazioni quotidiane.

LA GEOGRAFIA: sapevano tracciare, su corteccia (che in fogli sottili era un buon sostituto della carta), delle mappe abbastanza precise dei luoghi che conoscevano; anche le distanze, misurate in base ai giorni di marcia, erano calcolate in modo sorprendentemente preciso.

L'ORIENTAMENTO: utilizzavano la stella polare di notte ed il sole di giorno ma sapevano interpretare anche i segni della natura: "la punta delle erbe è sempre rivolta a sud, il muschio sugli alberi (esposti al sole) cresce sempre sul lato nord, la corteccia degli alberi è sempre più compatta e pieghevole ad est piuttosto che ad ovest".

IL RUOLO DELLE DONNE: sebbene tenute in scarsa considerazione e prive di diritti "politici" erano in effetti più laboriose degli uomini in tutte le ore del giorno e in tutte le stagioni. Oltre alla cura dei figli più piccoli, alla preparazione del cibo, al confezionamento di abiti, ornamenti, stuoie, funi, recipienti e cesti, alla cura delle masserizie, all'allestimento e smontaggio delle tende, la cucitura del rivestimento delle canoe, la raccolta di bacche, erbe, radici e semi e alla loro lavorazione e conservazione, durante la stagione di caccia spettava a loro scuoiare gli animali uccisi, macellare, trasportare, far seccare e affumicare la carne ed infine conciarne le pelli; spesso con un figlio sulle spalle ed uno in grembo e dopo il parto tornavano al lavoro quasi subito. Esse "come nel Vecchio Testamento" durante i loro "giorni di luna" erano considerate impure e non potevano accostarsi alla comunità; non erano però del tutto indifese, all'occasione sapevano scagliarsi sul nemico come furie per difendere i figli, loro stesse, la tenda e l'accampamento.

L'ORIGINE DEI POPOLI AMERINDI: Beltrami inserisce in questa lettera l'affermazione che, vagliate tutte le ipotesi più o meno fantasiose degli "esperti", secondo lui, la più ragionevole riguardo all'origine dei pellirosse è quella di una loro provenienza dall'Asia, avvenuta attraverso lo stretto di Bering in epoche antichissime (ai giorni nostri questa ipotesi è stata ampiamente confermata).

▲ **UNA CURIOSITA'** Il popolo degli indiani CHIPPEWA era sparso su un'area territoriale molto vasta che come confine sud aveva il fiume St. Paul (oggi Minnesota river) , ad ovest il Red river, a nord arrivavano molto oltre l'attuale confine fra Canada e Stati Uniti e ad est si spingevano fino al lago Michigan. Essi confinavano quindi con nazioni indiane diverse che parlavano lingue diverse; così pur costituendo un unico popolo con un'unica lingua e un'unica cultura ebbero nomi diversi attribuitigli dai diversi popoli confinanti. Capita perciò di trovarli indicati come Chippewa (o Cipaways come li chiama Beltrami) come Menomenee e come Ojibua; sembra che tutti questi nomi, tradotti in italiano, abbiano un significato comune, cioè "popolo del riso selvatico" prodotto della natura molto diffuso in quei territori e che le loro donne, utilizzando le canoe e bastoni con una estremità arcuata, raccoglievano in grande quantità, nel momento opportuno, facendone scorta per l'inverno. Se il fatto che avessero più nomi sembrasse strano, basta pensare al popolo che abita la Germania, per gli italiani essi sono tedeschi, per i francesi sono allemands, per gli inglesi sono germans e loro dicono di essere deutsch.

Ancient Chippewa (Ojibwa) tradition: The Snowshoe Dance, performed at the first snowfall every year since time immemorial. By George Catlin 1835. At right a typycal Indian tent of Chippewa.

INIZIO DELLA GRANDE AVVENTURA

LETTERA 6) ARGOMENTO: viaggio da forte St. Anthony al "Lago Traverso" risalendo il fiume St. Peter.

Redatta il 26 luglio 1823 nei pressi del Lago Traverso.

Beltrami inizia la lettera scrivendo che, deluso di non essere riuscito ad organizzare una spedizione diretta a nord per visitare quei territori e andare alla ricerca delle sorgenti del Mississippi, aveva preso la risoluzione di tornare a sud, in compagnia di un interprete e di un indiano, per attraversare a cavallo le praterie fino a raggiungere il forte "Council Bluff" sul fiume Missouri, discendere poi quel fiume fino alla sua foce, a San Carlo sul Mississippi, da laggiù tornare a St. Louis per prendere un battello diretto a New Orleans, portando a termine il suo progetto originario. Aggiunge però che, proprio quando stava per concretizzare le sue intenzioni, era giunto al forte il Maggiore Long, incaricato di condurre una spedizione a nord, lungo il confine fra Canada e Stati Uniti, allo scopo di tracciare i confini, esplorare i territori e intessere rapporti pacifici con gli indiani.

Immediatamente Beltrami aveva approfittato della situazione chiedendo di unirsi alla spedizione, tutti però si prodigarono per scoraggiarlo, prospettandogli pericoli e fatiche, inutilmente; a questo punto gli prospettarono le spese che avrebbe dovuto sostenere, ma egli, riorganizzate le proprie finanze, acquistò un cavallo, l'equipaggiamento personale e le proprie provviste; riuscì anche a fare piccoli doni alla signora Snelling, al Colonnello, ai suoi figli e al Magg. Taliaferro, per ricambiarli parzialmente delle cortesie ricevute. Vista la sua determinazione, fra manifestazioni di stima e simpatia, ottenne il permesso di aggregarsi alla spedizione e con il pensiero rivolto alle sorgenti del Mississippi si preparò alla partenza, consapevole della contrarietà del Magg. Long.

Il corpo di spedizione era così composto: Il Magg. Long, un astronomo, un geologo, uno zoologo, un medico, un pittore, mister Renville (interprete per i Sioux), un giovane chiamato "Canadese" (interprete per i Chippewa), 28 uomini fra soldati, caporali e sergenti, un ufficiale e uno dei figli del colonnello Snelling, anch'egli militare e , ovviamente, Beltrami. Il 7 luglio 1823, di primo pomeriggio, partirono divisi in due gruppi, uno via terra con 22 fra cavalli e muli, l'altro imbarcato su cinque canoe; il Magg. Long prese posto su una delle canoe e Beltrami su un'altra. L'intento era di procedere, fin dove possibile, un po' via terra e un po' via acqua , secondo la convenienza, seguendo il corso del fiume St. Peter; ogni sera i due gruppi si sarebbero riuniti per l'accampamento notturno. Quella stessa sera si accamparono nei pressi del villaggio Sioux di Capo Wamenitonka (Cane Nero). Giorni prima, Beltrami aveva già fatto visita a quel campo, non troppo distante dal forte, e lo aveva trovato molto popolato; invece

◄ **Tav. 08** - 7 luglio 1823. Beltrami si aggrega alla spedizione geografica del Magg. Long. La spedizione, per alcuni giorni, fu composta da due gruppi uno via terra e uno su cinque canoe, che ogni sera si riunivano per il campo notturno.

July 7, 1823. Beltrami joins the geographical expedition of Major. Long. The expedition, for a few days, consisted of two groups, one by land and one on five canoes, who gathering each night for the night camp.

in questa occasione il campo era deserto perché gli abitanti si erano allontanati per andare a caccia. Insieme ai resti dell'accampamento sorgeva una baracca malconcia dove i membri della spedizione si ripararono dalla pioggia.

La mattina dell' 8 luglio, partiti all'alba, presto raggiunsero un altro villaggio Sioux il cui capo si chiamava Panisicihowa, ma anche questo campo era deserto; " il Capo, goloso quanto fannullone si era ritirato nei pressi del forte, con i suoi, per godere delle delizie di Capua", scrive Beltrami. Più tardi, all'ora di pranzo, la spedizione raggiunse "la prateria di francesi", a 30 miglia dal forte St. Anthony, il nome del luogo derivava dal fatto che i primi francesi arrivati laggiù erano stati massacrati dai Sioux. Sempre in questo luogo, sulla riva sud del fiume St. Peter c'era un altro accampamento Sioux il cui capo si chiamava Sciacapè, anche questo era deserto; erano rimaste delle capanne insolite, molto robuste, con pareti e tetto di cortecce di quercia legate con pertiche di legno intrecciate. Sul lato opposto del fiume c'era una prateria, punteggiata da piccoli boschetti, che ospitava un suggestivo cimitero indiano.

Il 9 luglio, quando furono giunti a 60 miglia del forte, incontrarono una cascata con rapide molto impetuose e furono costretti a trascinare le canoe a mano, per mezzo di funi. Beltrami ci informa che questo era il primo tratto interessante del fiume, con cascate, rocce pittoresche, insenature, una isoletta e rive alberate che sovrastavano rupi scoscese. Costretti a rimontare in canoa, ne persero il controllo; la canoa che trasportava Beltrami si schiantò sulle rocce, perdendo il carico, ma lui rimase illeso. La sera si fermarono presso un villaggio indiano nella località di "Battue aux Fièvres" dove il nostro viaggiatore ebbe occasione di assistere alle esequie di un funerale indiano.

Il 10 luglio, Beltrami lasciò la canoa e salì a cavallo per visitare il "Bosco Franco" che si stendeva per 30 miglia, il luogo era variato e pittoresco quasi paradisiaco ma terribilmente infestato da zanzare e tafani; su alcuni alberi videro dei graffiti con i quali "Sparviero Rosso" capo dei Sussiston comunicava, ad eventuali passanti, il nome della tribù, il numero dei suoi membri, l'esito della loro spedizione di caccia ecc. la zona era come un labirinto ma, grazie alla guida Mister Renville, trovarono il modo di uscirne. Sbucarono ad ovest, in una prateria chiamata "wayo the" (della freccia), dove c'era una grande roccia sacra, con dipinti il Sole e la Luna, meta di pellegrinaggi indiani; nei pressi una strana piccola capanna, un sudatorio per la purificazione.

Il giorno 11 luglio Beltrami risalì in canoa ma, durante il tragitto, scoppiò un tremendo uragano e una canoa si rovesciò perdendo ancora tutto il carico; l'uragano li accompagnò tutto il giorno e quando si accamparono continuò ad inondarli tutta la notte, anche sotto le tende.

Il 12 luglio durante la mattina risalirono il fiume ancora con le canoe ma, diventando il fiume sempre più stretto e roccioso, ad un certo punto il Maggiore decise di rispedire indietro le canoe e una parte degli uomini. Nonostante che le provviste acquistate personalmente da Beltrami fossero state messe a disposizione di tutti, in quel punto a sole 100 miglia dal forte, la spedizione era già ridotta alla fame.

Il 13 luglio viaggiarono attraverso un paesaggio stupendo che a Beltrami ricordò il parco di Versailles; durante il percorso si imbatterono in un sarcofago Sioux sospeso a 5 metri d'altezza. In quel luogo sulla riva meridionale del fiume St. Peter si trova la foce del fiume "Della Terra Blu"; è il punto più meridionale raggiunto a suo tempo dal missionario-esploratore Padre

▲ Ritratto di Beltrami dal frontespizio del suo libro Pilgrimage in Europe and America del 1824
Portrait of Beltrami from the cover book Pilgrimage in Europe and America of the 1824

Hennepin. Il nome del fiume è dovuto ad una terra bleu che si trovava sulle rive e che gli indiani usavano per preparare una crema colorante. Alle sorgenti dello stesso fiume si trova anche una terra rossa che esposta all'aria indurisce e veniva usata per fabbricare fornelli da pipa (Catlinite). La sera campeggiarono presso il "Lago dei Cigni" che, ovviamente, era straordinariamente gremito di quegli uccelli.

Il 14 luglio per tutto il mattino viaggiarono attraverso una verdeggiante prateria mossa da collinette. A mezzogiorno, nel punto in cui il "Fiume dei Pioppi" affluisce da sud, guadarono il fiume St. Peter e la sera si accamparono presso una zona paludosa popolata da Rat-Musquè, animali che hanno tane e abitudini simili a quelle dei castori.

Il 15 luglio prima di sera piantarono il campo al "Bosco Rosso", così chiamato a causa di un albero, venerato dai pellirosse, che ogni anno veniva tinto di rosso durante i loro riti. Il bosco, che si stende sulla riva sud del St. Peter, si trova nel punto in cui il fiume dell' "Albero Rosso" da sud e il fiume "Della Vita" da nord si immettono nel St. Peter. La configurazione di queste terre ricordò a Beltrami il Lazio e la Magna Grecia e il grande numero di strane rocce, sparse sulle colline, gli rievocarono rovine classiche; descrive: "terra fertile, clima salubre, colline e pianure adatte a colture varie, fiumi e laghetti ricchi di pesce, boschi deliziosi, frutti e selvaggina, animali da pelliccia e pietre superbe e facili da lavorare".

Il 16 luglio raggiunsero una prateria che a sud aveva per confine solo l'orizzonte, a nord la valle del St. Peter, ad ovest il vallone del fiume "Medicina Gialla" che proviene da sudovest mentre da nord proviene il fiume "Dei Saltatori"; qui incontrarono anche due indiani isolati. Tutta la spedizione era ormai a razione ristretta: un "bisquit" e un pezzetto di carne salata a testa. Il fiume Medicina Gialla prende nome da una radice che si trova sulle sue rive ed è ritenuta un grande rimedio sia per il fisico che per lo spirito, questo fiume si trova a 180 miglia dal forte St. Anthony. Proseguendo lungo il St. Peter, 20 miglia più a monte, incontrarono il fiume "Dei Castori" proveniente da ovest e poco dopo il "Lago che Parla" lungo 16 miglia. Superato poi il fiume "Delle Scarpate" sulla riva occidentale e il fiume "Della Patata" sulla riva orientale, arrivarono al "Lago della Grande Roccia" più grande del precedente. Incontrarono dei Sioux Wakapetohan (gente delle foglie) che li invitarono a un festino. I membri della spedizione finalmente si saziarono, il Magg. Long ringraziò gli indiani con un lungo discorso con cui esaltò la grandezza degli Stati Uniti e l'importanza della loro amicizia ma, non avendo regali da distribuire, li lasciò piuttosto perplessi.

La sera del 17 luglio si accamparono a metà del lago, in quel luogo, presso un bosco superbo, c'era un piccolo deposito di trafficanti della Compagnia del Sudovest, con qualche tenda e qualche capanna, nel punto in cui il fiume "Degli Aironi Bianchi", da ovest, si getta nel lago.

Il 18 luglio tre miglia più a nord del lago guadarono il St. Peter ormai ridotto ad un fossato, più oltre attraversata una prateria di 6 miglia sostarono presso una baracca di trafficanti scozzesi, soci dell'interprete Mister Renville, la posizione era ottima per il commercio delle pelli.

Appresero dai commercianti che le sorgenti del fiume St. Peter erano a sole 20 miglia a nordovest del lago vicino, ma il Magg. Long decise di trascurarle essendo al di fuori dell'itinerario

◄ **Tav. 09** - Il 16 il 18 e il 25 luglio 1823 i membri della spedizione si imbatterono in alcuni villaggi Sioux, dove vennero accolti pacificamente.

On 16, 18 and 25 July 1823, the expedition members came across some Sioux villages, where they were peacefully welcomed.

stabilito. Quest'altro lago è chiamato "Traverso" e Beltrami ne stima la posizione a circa 47 gradi di latitudine nord e a 20 gradi di longitudine ovest rispetto al meridiano di Washington D.C.,e la sua distanza da forte St. Anthony in 280 miglia via terra e 400 miglia via fiume. Il lago si trova su uno spartiacque ed è privo di affluenti e confluenti ma subito a nord di esso il (falso) fiume Rosso (oggi si chiama Sioux river) sgorga e scorre verso nord.

Il lago è lungo 15 miglia e largo 2, l'acqua è bassa e le sue rive sono immerse in un gradevole paesaggio. Il capo Sioux Wanatha, già conosciuto al forte, venne loro incontro e li invitò ad un festino molto più ricco del precedente, a base di cane bollito (una specialità) e di carne di bufalo ben cucinata. Anche in questa occasione il Maggiore fece il suo discorso di circostanza, ma, senza regali, ebbe scarsa attenzione. Incontrarono poi degli agenti di commercio della Columbian Company, che poco distante avevano degli alloggiamenti, essi molto cortesemente ospitarono e ristorarono la spedizione per alcuni giorni.

LETTERA 7) Argomento: viaggio dal lago Traverso fino alla colonia Selkirk sul fiume Pembenar

Redatta l' 8 agosto 1823 presso la colonia.

Il 24 luglio 1823 lasciato alle loro spalle il lago Traverso, marciando verso nord lungo il corso del (falso) fiume Rosso percorsero una sterminata prateria interrotta solo dai corsi d'acqua e dagli alberi che li costeggiavano. Durante il viaggio incontrarono i bufali, Beltrami montò a cavallo e in compagnia di Mister Renville rincorse il bufalo più vicino e lo uccise con un colpo di fucile. Mister Yeffrey trafficante e guida, che si era unito a loro, ne uccise un secondo e anche il conducente della carretta che trasportava i bagagli di Beltrami ne uccise un terzo. Tutti i membri della spedizione si saziarono così con carne di bufalo, cotta su un fuoco di sterco di bufalo.

Il 25 luglio, lungo il corso del (falso) fiume Rosso (oggi Sioux river), incontrarono di nuovo il capo Sioux Wanatha, accampato nei pressi, che li ospitò in una tenda nuova ed offrì loro gobbe e lingue di bufalo, ben cucinati (cioè i bocconi migliori), tuttavia il suo atteggiamento rimase misteriosamente freddo e silenzioso. Nei dintorni dell'accampamento, per miglia, c'erano mandrie smisurate di bufali. Il 26 luglio il Magg. Long, preso dalla fretta, diede l'ordine di partenza. Beltrami, invece, con Mister Renville, con il capo Sioux e l'intera tribù, andò a caccia di bufali ed, entusiasta, osservò lo spettacolo straordinariamente pittoresco dei Sioux a cavallo che cacciavano con l'arco; anche lui e Mister Renville uccisero in bufalo ciascuno.

Questo episodio dà a Beltrami l'occasione di descriverci i metodi di caccia degli indiani.

Essi, se privi di cavallo, adottavano la tattica del "branco di lupi", indossate pelli di lupo si avvicinavano alle prede strisciando ed imitando le movenze dei lupi (che i bufali non temono) con l'arco e le frecce appesi al collo e penzolanti fra le loro gambe (i fucili sarebbero stati troppo ingombranti e pesanti e gli spari avrebbero pericolosamente disperso la mandria), raggiunta la distanza di tiro abbattevano le bestie con le frecce mentre il resto della mandria continuava a brucare tranquillamente. Nella stagione degli amori, gli indiani indossavano invece una pelle di bisonte e imitando il muggito dei maschi attiravano le femmine che finivano sotto il tiro delle frecce, altre volte, con la stessa tecnica le attiravano in recinti predisposti e mimetizzati, facendone strage. Nei gelidi giorni d'inverno, avvistata una mandria poco distante da un fiume gelato, il cui ghiaccio non doveva avere però grande spessore, alcuni indiani si disponevano sul lato della mandria più distante dal fiume e spaventavano i bufali a colpi di fucile mentre un indiano, travestito da bufalo , fuggiva verso il fiume attraversandolo, i bufali assecondando il loro istinto lo seguivano sul ghiaccio che, essendo sottile, non reggeva il peso della mandria che sprofondava, nella confusione che seguiva, altri indiani che si erano nascosti sull'altra riva, balzavano allo scoperto, facendone strage con archi e fucili.

In ogni caso era necessario avvicinarsi ai bufali sottovento perché gli animali temevano l'uomo e avvertendone l'odore, anche a distanza, fuggivano. Era pericoloso sparare a un bufalo addormentato, perché se rimaneva solo ferito, si levava di soprassalto e animato da grandissima furia caricava pericolosamente in cacciatore. Se un animale maschio vedeva una sua favorita ferita o minacciata la difendeva caricando, per proteggerne la fuga, incurante della propria incolumità. Fra i bufali, i maschi erano solo il tre percento, di solito si uccidevano le femmine la cui carne era anche più tenera. Per le tribù che popolavano le pianure settentrionali, scarse di altra selvaggina, i bufali erano la maggiore fonte di sussistenza, le loro pelli, le ossa, la carne, i tendini e le corna erano tutta la loro ricchezza.

Usando solo raschiatoi d'osso (di bufalo) conciavano le pelli che utilizzavano per le tende, i giacigli, i mantelli e come merce di scambio. La carne veniva tagliata in pezzi, non grandi, larghi e sottili, poi veniva essiccata o affumicata, infine arrotolata in un modo talmente stretto e ben chiuso che poteva conservarsi anche per anni. Il bufalo non era mai scelto come Manitou da nessun indiano (altrimenti non avrebbe potuto ucciderlo) essi affermavano che il bufalo era una emanazione del Grande Spirito che offriva la sua carne per nutrire il popolo degli uomini. Ritornando al 26 luglio, quella sera Beltrami e Mister Renville, dopo la caccia e trasportando un po' di carne raggiunsero il Magg. Long e il resto della spedizione che si era accampato in un boschetto che offrì a tutti un po' di riparo da un tremendo temporale che li aveva bagnati fino alle ossa.   Il 27 luglio a mezzogiorno raggiunsero la confluenza fra il (falso) fiume Rosso (oggi Sioux river) e il Red river (vero fiume Rosso). A questo punto dello scritto ci viene svelato L'inganno riguardante il nome del fiume: la Compagnia della Baia di Hudson era stata autorizzata a monopolizzare il commercio in tutti i territori bagnati dal fiume Rosso e dai suoi affluenti, ma dato che il vero fiume Rosso, proveniente dal Lago Rosso (Red lake), aveva scarsi affluenti e quindi il territorio non era abbastanza esteso, secondo la Compagnia, questa pensò di battezzare come "fiume Rosso" anche l' affluente che proveniva dal lago Traverso con tutti i suoi affluenti; " I geografi in seguito avevano confermato la scrocconeria" , dice Beltrami. Da allora sulle carte geografiche c'erano due "Fiume Rosso" che ad un certo punto confluivano l'uno nell'altro. Fra l'altro gli indiani chiamavano il vero fiume Rosso ed il Lago Rosso col nome di " fiume Insanguinato" e " lago Insanguinato" (da cui "Rosso"), a causa del sangue versato nei frequenti scontri fra Sioux e Chippewa. Quel pomeriggio (sempre il 27 luglio) incontrarono un branco di animali che Beltrami descrive come simili a renne ma grandi come cavalli (forse alci); lui e Mister Yeffrey ne abbatterono uno per la cena della compagnia.

Verso sera raggiunsero la spedizione che non si era accampata, tutti mostravano una certa apprensione per aver incontrato dei Sioux che erano sembrati ostili; già a mezzanotte la spedizione riprese la marcia.

Il 28 luglio 1823, a mezzogiorno, la spedizione finalmente arrestò la marcia presso le rive del fiume "Coda di Lontra" (Otter Tail river). Da questo momento in poi, di notte, tutti furono obbligati ad un turno di guardia, anche Beltrami che cominciò da qui a tenere sempre la spada al fianco.

Il 29 e il 30 luglio, marciando, attraversarono il fiume "Dei Pruni" che era in secca, poi il fiume "Dei Bufali" poi un secondo fiume "Del Riso Selvatico" (Wild Rice river), poi ancora il fiume "Cayenne" e quelli "Degli Olmi" e "Delle Ottarde".

Il 31 luglio raggiunsero il vero fiume Rosso che provenendo da est riportò alla mente di Beltrami il suo intento di risalirlo per andare alla ricerca delle sorgenti del Mississippi, qui avevano inizio le foreste ed i bufali scarseggiavano.

Il 1° agosto 1823 il caldo era bruciante mentre la notte era stata fredda; in questi territori e in quella stagione la temperatura di giorno arrivava a 35 gradi centigradi mentre di notte scendeva a 15°. Tutti i membri della spedizione avevano molta sete ma li fiume "Della Palude" era ridotto a fango, quando trovarono una pozza d'acqua, tutti insieme, uomini e cavalli vi si precipitarono disordinatamente per dissetarsi.

Il 2 agosto raggiunsero e attraversarono il fiume "Due Fiumi" (Two river).

Il 3 agosto finalmente arrivarono alla colonia di Pembenar dove il fiume omonimo, proveniente da ovest, si getta nel Red river . Il Magg. Long, dopo aver verificato che questa località era poco al di sotto del cinquantesimo parallelo, ne prese possesso in nome degli Stati Uniti, secondo quanto stabilito nei trattati, e piantò una pietra di confine con tutte le formalità del caso, sotto gli occhi indifferenti degli abitanti. Beltrami ci informa di aver inteso che la colonia doveva trovarsi circa a 21 gradi di longitudine ovest dal meridiano di Washington D.C. e distante 270 miglia dal lago Traverso, poi ci fornisce una breve descrizione riguardante la gente chiamata Bois-brulè (in proposito rimandiamo il lettore all'apposita pagina dedicata alla colonia ed ai suoi abitanti).

◄ **Tav. 10** - Il 24 e il 25 luglio 1823 Beltrami andò a caccia di bisonti contribuendo a sfamare la spedizione. In particolare il 25 ci andò in compagnia dei Sioux osservandone i metodi di caccia.

On July 24 and 25, 1892, Beltrami went hunting for bison, helping to feed the expedition. In particular, on July 25 he went hunting with some Sioux, observing their hunting methods.

▲ **LA COLONIA SELKIRK SUL FIUME PEMBENAR:** coordinate N. 48° 57' 59" W. 97° 14' 43"

Alcune fonti la chiamano Pembina forse perché la parola Pembenar pronunciata in inglese suona appunto come "Pembinaa". Situata alla confluenza del fiume Pemberar (oggi Tongue river) con il Red river, quattro chilometri a sud del quarantanovesimo parallelo. Beltrami ce la descrive come "un repertorio di truffe, debiti e atrocità" un luogo miserabile abitato da disperati. La sua storia ebbe inizio nel 1806 sessanta miglia più a nord, alla confluenza del fiume Assiniboin con il Red river cioè trenta miglia a sud del lago Winnipeg in Canada. In quell' anno la Compagnia della Baia di Hudson, che era giunta a sud del lago Winnipeg, al fine di bloccare la concorrente Compagnia del Nordovest ingaggiò Lord Selkirk, scozzese al servizio degli inglesi, per racimolare un gruppo di scozzesi disperati da insediare in questo luogo, con promesse di facili guadagni, e con essi fondò una prima colonia nel 1812, comandante dello stanziamento fu nominato M. Mac Donnel. La Compagnia del Nordovest reagì assoldando dei Bois-brulè, popolazione meticcia nata dall'unione di francesi con donne indigene a suo tempo raccomandata espressamente dal Re di Francia per popolare quei territori, Beltrami li descrive come gente esecrabile e senza scrupoli.

Questi mercenari furono scagliati contro la colonia che fu distrutta due volte nel 1815 e nel 1816 nel corso di una guerra atroce. Tuttavia, dopo aver constatato che la guerra (fra inglesi dopotutto) favoriva gli americani, le due Compagnie commerciali vennero ad un accordo e per i delitti e i massacri furono accusati i pellirosse così che non ci fossero soggetti europei da condannare. Dopo questi avvenimenti, però, non si trovava altra gente per ripopolare la colonia, inglesi scozzesi e irlandesi non erano più disposti; successivamente si riuscì ad attirare un certo numero di tedeschi e svizzeri, con le solite false promesse, ma in quei luoghi gli inverni erano siberiani e d'estate si moriva di fame, molti dei nuovi coloni morirono o fuggirono. I pochi rimasti furono "incatenati" al territorio non consentendo loro di possedere denaro ma solo merci di scambio. Erano questi superstiti, migrati 60 miglia più a sud, che insieme ai Bois-brulè popolavano Pembenar nel 1823.

The Red River Colony (or Selkirk Settlement) was a colonization project set up in 1811 by Thomas Douglas, 5th Earl of Selkirk on 300,000 square kilometres (120,000 sq mi) of land. This land was granted to him by the Hudson's Bay Company, which is referred to as the Selkirk Concession. The establishment of Canada in the late 19th century led to the creation of what is today Manitoba, although much of its original territory is now part of the United States.

DA SELKIRK ALLE SORGENTI

LETTERA 8) Argomento : viaggio dalla colonia di Pembenar alle sorgenti del Mississippi.

Redatta il 31 agosto 1823 nei pressi delle sorgenti settentrionali del Mississippi.

Beltrami, intravvedendo nell' arrivo a Pembenar l'occasione favorevole per coronare il suo sogno, convinto che spingendosi verso sudest si sarebbe trovato nella regione bagnata dalle sorgenti del Mississippi, decise di abbandonare la spedizione del Magg. Long ed iniziare la sua impresa dirigendosi verso il punto in cui il fiume "Voleuse" (oggi Thief river) si getta nel Red river, risalire poi quest'ultimo fino al Red lake e da laggiù esplorare il territorio alla ricerca delle sorgenti ancora avvolte nel mistero.

Egli era consapevole che nessun "uomo bianco" conosceva i territori del corso a monte del Red river che, fra l'altro, erano descritti come patria di indiani "ferocissimi". Gli riuscì di ingaggiare due Chippewa diretti appunto al Red lake, per aizzare i parenti alla vendetta di due loro amici, uccisi e squartati dai Sioux Yanctons, sulle rive del fiume Cayenne.

Ingaggiò anche un Bois-brulè in grado di fare da interprete e che proprietario di un carro e due cavalli era disposto ad accompagnarlo, trasportando i bagagli, fino al fiume Voleuse. Beltrami barattò il proprio cavallo con vettovaglie ed attrezzature, si congedò dal magg. Long e salutò calorosamente il figlio del Colonnello Snelling, anche lui in partenza ma per fare ritorno al forte St. Anthony.

Il 9 agosto 1823 il nostro esploratore partì per la nuova avventura in compagnia del variopinto terzetto.

Il gruppetto, con il carro, marciò per due giorni (9 e 10 agosto) con pochi problemi ma su "sentieri da lupi". Il terzo giorno (11 agosto) furono costretti a "parcheggiare" il carro a causa del terreno accidentato e caricare il bagaglio sui cavalli. Beltrami e il Bois-brulè per non irritare le guide Chippewa ,rischiando di rimanere abbandonati in mezzo al nulla, assecondarono i due indiani in tutti i loro, qualche volta assurdi, ritmi di marcia.

Comunque avendo Beltrami avuto l'occasione di uccidere alcuni galli della prateria, per il pranzo e la cena, sparando al volo, si attirò l'ammirazione dei due Chippewa che lo soprannominarono "Kitcy okiman" (Grande Guerriero). Qui Beltrami fa una precisazione, gli indiani non erano esperti nel tiro a volo non avendo la possibilità di allenarsi con il fucile, perché avevano sempre scarsità di munizioni e preferivano usarle per un bersaglio utile e sicuro e con l'arco, perché mancando il bersaglio, anche di poco, perdevano la freccia, preziosa quanto laboriosa da fabbricare (ovviamente in combattimento badavano meno a spese).

Il 12 agosto, quarto giorno di marcia, uccisero due orsi ancora giovani, cercarono anche la madre ma senza successo. Il 13 agosto raggiunsero il fiume Voleuse (oggi Thief river). Il nome di questo fiume derivava dal fatto che, molto tempo addietro, un Sioux perseguito per un assassinio riuscì a sottrarsi, per anni, alla vendetta indiana, trovando rifugio sulle sue rive.

I nostri discesero il fiume costeggiandolo via terra. Raggiunta la confluenza del Voleuse con il Red river, i due indiani tirarono fuori da un canneto una canoa che vi avevano nascosto

durante il loro viaggio di andata. Nei pressi c'era un vecchio insediamento di Bois-brulè, abbandonato perché gli abitanti, assaliti tempo prima da indiani ostili, si erano spostati 100 miglia più a sud. Sempre qui il loro compagno Bois-brulè si congedò da loro, per far ritorno a Pembenar con i cavalli.   Beltrami si imbarcò con armi e bagagli sulla canoa in compagnia dei due Chippewa; percorso un miglio i due indiani si fermarono per compiere un rito di sacrificio (utilizzando le provviste di Beltrami) dedicato ad un Manitou rappresentato da un piolo, dipinto di rosso, piantato sulla riva del fiume. Ripartiti , dovettero superare delle rapide per 5 o 6 miglia, a piedi, camminando su rocce taglienti e aguzze e con bagagli e canoa in spalla. Più tardi, durante una sosta per un pasto frugale, Beltrami si appartò per un pisolino; presto svegliato da colpi di fucile, accorse e trovò i due Chippewa impegnati in uno scontro a fuoco con alcuni Sioux che, dall'altra riva, si accingevano ad attraversare il fiume, ma al suo apparire essi si dileguarono nella foresta. Beltrami pensò che i Sioux lo avessero riconosciuto e fossero fuggiti ritenendo che egli fosse in compagnia di tutta la spedizione del Magg. Long. Uno dei due Chippewa era rimasto ferito da una fucilata al braccio e da un colpo di striscio alla spalla; la ferita non era grave, l'osso era intatto ed il proiettile era uscito. Risalirono rapidamente sulla canoa e , accomodato il ferito nel mezzo, Beltrami e l'indiano ancora sano, afferrate le pagaie, si allontanarono in fretta , remando come forsennati. Più tardi sostarono per curare, con rimedi indiani, il compagno ferito. Risaliti sulla canoa remarono ancora fino a mezzanotte prima di fermarsi. Beltrami, avendo compreso che i due indiani erano intenzionati ad abbandonarlo per raggiungere il Red lake a piedi (il percorso via fiume è più lungo a causa dei numerosi meandri), al momento di coricarsi, si legò la canoa ad un piede e si tenne le armi al fianco sotto la coperta.   La mattina successiva (14 agosto) si reimbarcarono tutti ma, ad un certo punto, durante una sosta i due Chippewa decisero di proseguire a piedi, invitando Beltrami ad andare con loro, ma egli non volendo abbandonare viveri e bagagli e seguire in terre sconosciute due tipi così poco affidabili, ritenendo il fiume la via più sicura per raggiungere il Red lake, dopo aver redarguito i due indiani, li vide partire rimanendo solo con la canoa. Cominciò così a remare ma la sua imperizia fece rovesciare la canoa, tiratala in secco riorganizzò il carico ponendo le parti umide in alto per farle asciugare. Come scrisse Catlin (esploratore) nel 1841, queste canoe si inclinano tranquillamente sotto il sapiente equilibrio di un indiano....ma come ogni cosa selvaggia, diventano timide e traditrici sotto la guida inesperta di un bianco....Beltrami questa volta, quando ripartì, entrò in acqua e marciò, immerso fino alla cintola, nell'acqua bassa presso la riva, trascinando la canoa con il carico per mezzo di una cinghia di cuoio di bufalo.   Trascorse tutto il 15 agosto trainando fino a sera e al momento di accamparsi sperando di accendere un fuoco per asciugarsi (perché era fradicio), si accorse che non aveva più l'acciarino, rimase così tutta la notte all'addiaccio.

Il 16 agosto riuscì, in alcuni tratti del percorso, a condurre con cautela la canoa remando, ma a mezzogiorno il cielo si fece scuro e dopo un po' incappò in un temporale che lo accompagnò

◄ **Tav. 11** - Fra il 6 e l'8 Agosto 1823, presso la colonia Selkirk sul fiume Pembenar, Beltrami ingaggiò due Chippewa e un Bois-brulè per andare alla ricerca delle sorgenti del Mississippi.

Between 6 and 8 August 1823, at the Selkirk colony on the Pembenar River, Beltrami engaged two Chippewa and a Bois-brulé for going to the search for the Mississippi springs.

fino a sera; passò fradicio anche quella notte. All' alba del 17 agosto il cielo era sereno e stese la sua roba per farla asciugare al sole. Ripartì nel pomeriggio ed impegnandosi riuscì a percorrere tratti più lunghi con la pagaia, ritornando al traino più raramente. Verso sera il tempo volse nuovamente al brutto, e riparò i bagagli con l'ombrello aperto sopra la canoa, fortunatamente non ci furono acquazzoni e passò la notte asciutto.

Il 18 agosto si imbattè in una famigliola di Chippewa (un vecchio, un giovane e due donne) giunti anche loro nei pressi, in canoa; essi, perplessi e incuriositi dallo straniero con l'ombrello rosso aperto a palanchino sopra la canoa, si avvicinarono. Beltrami riuscì a contrattare con loro ed in cambio di alcuni regali (la coperta, un foulard e fazzoletti) ingaggiò il più anziano, che prese il governo della canoa, e ripartirono. Viaggiarono di lena fino a sera poi, quando si fermarono, Beltrami uccise due anatre, il vecchio accese il fuoco e le arrostirono, ma, al momento di coricarsi, il nostro esploratore, si legò ancora prudentemente la canoa ad un piede prima di addormentarsi avvolto nella sua pelle d'orso, ultima coperta rimastagli. Fu svegliato dalla corda legata al piede, nell'oscurità intravide la sagoma di una bestia che frugava fra i bagagli, Beltrami gli sparò, il vecchio si svegliò di soprassalto e spaventato fuggì nella foresta, ritornando solo alle prime luci dell'alba. Insieme seguirono una traccia di sangue, alla ricerca dell'animale ferito; lo trovarono, era un lupo, morto.

Il vecchio allora si profuse in una litania, scusandosi con il lupo perché era il suo Manitou personale.

Quel giorno, 19 agosto, viaggiando incontrarono un altro indiano a cui il vecchio tentò di scaricare Beltrami ma vista la contrarietà di questi, rinunciò e ripreso il governo della canoa proseguirono remando rapidamente fino a notte inoltrata. Evidentemente il vecchio aveva fretta di ricongiungersi con i suoi.

Dopo essersi accampati Beltrami si addormentò ma, ancora una volta, fu svegliato nel cuore della notte da voci e fruscii e nel buio vide torce accese avvicinarsi. Erano donne Chippewa, provenienti da un villaggio poco distante, inviategli dal vecchio che poi se ne ara andato via. Beltrami fu accompagnato al villaggio, situato sulla riva meridionale del Red lake, fu invitato ad entrare in una capanna Chippewa che ospitava già 14 persone, 19 cani ed un lupo legato ad un palo, il che non gli impedì di fare uno strappo agli ultimi pantaloni integri di Beltrami; fra gli ospiti della capanna c'erano anche i due indiani che lo avevano abbandonato una settimana prima, ma troppo stanco per curarsene Beltrami si addormentò.

Il 20 agosto al suo risveglio, lacero e graffiato, il nostro concittadino chiese ai presenti di venire accompagnato alla baracca di un altro Bois-brulè che viveva da qualche parte sulle rive del lago e per il quale aveva una lettera di raccomandazione, ottenuta a Pembenar, perché gli facesse da guida. Nessuno era però disponibile perché tutti impegnati con le esequie dei parenti da vendicare (il che non impediva loro di approfittare disinvoltamente dei viveri di Beltrami), aggiungendo inoltre che la località era lontana e che le acque del lago erano troppo agitate.

◄ **Tav. 12** - Dal 9 al 13 agosto 1823, congedatosi dalla spedizione e lasciata la colonia, Beltrami e i suoi tre nuovi compagni marciarono "su sentieri da lupi" fino al fiume Voleuse (oggi Thief River).

From 9 to 13 August 1823, after leaving the expedition and the colony Beltrami and his three new comrades marched "on wolf paths" to the river Voleuse (now Thief river).

▲ **Stephen Harriman Long**, Maggiore, nato il 30 dicembre 1784 ad Hopkinton nel New Hampshire e morto il 4 settembre 1864 ad Alton nell' Illinois. Nel 1823 aveva 39 anni ed era sposato con la figlia di un senatore degli Stati Uniti. Egli aveva già al suo attivo altre spedizioni geografiche in territorio indiano fra le quali una sull'alto Missouri in territori Sioux e Assiniboin.   Non dimostrò mai la simpatia e la cordialità che Taliaferro e Snelling riservarono a Beltrami, mostrando invece una certa diffidenza per quello che considerava un sospetto avventuriero straniero troppo curioso che annotava tutto sul suo quaderno. La spedizione a cui Beltrami si aggregò aveva il non indifferente scopo di esplorare e tracciare i confini con il Canada; il percorso era particolarmente impegnativo: risalire il fiume St. Peter (oggi Minnesota river) fino a poche miglia dalle sue fonti (cioè fino al lago Traverso) , discendere poi il falso fiume Rosso (oggi Sioux river) verso nord fino alla sua confluenza con il vero fiume Rosso (Red river) discendere quest'ultimo, sempre verso nord, lungo l'attuale confine fra gli attuali stati del Minnesota e Nord Dakota per raggiungere il fiume Pembenar e la sparuta colonia ivi presente, dove Beltrami abbandonò la spedizione per perseguire la propria ricerca. Long invece, da Pembenar, doveva proseguire verso nord lungo il fiume Rosso fino al lago Winnipeg (dove oggi sorge l'omonima città canadese) da laggiù marciare verso sud-est fino al Lake of the Woods, risalire in seguito il Rainy river, entrare nel Rainy lake percorrendolo per tutta la lunghezza, dirigendosi poi a sud fino a raggiungere il lago Superiore e, proseguendo verso est, attraversare tutti i Grandi Laghi fino all' Erie, raggiungere la città di Buffalo (poco oltre le Cascate del Niagara), infine scendere a sud fino a New York e sempre verso sud raggiungere la meta a Philadelphia; aveva fretta, probabilmente voleva evitare di trovarsi in pieno inverno in territori dal clima sub-polare.

Stephen Harriman Long portrait in military uniform. Holding Location Minnesota (courtesy)

Uscito dalla capanna notò che il villaggio era molto grande abitato forse da 500 indiani; dopo aver girovagato un po', trovò in indiano che in cambio di un nuovo foulard accettò di partire per andare alla ricerca del Bois-brulè.

Quest'ultimo, figlio di un canadese e di una Chippewa, abitava in realtà a 12 miglia dall'accampamento sulla riva sud del lago e in giornata gli si presentò davanti; dopo una controversa trattativa accettò di accompagnare Beltrami, dietro compenso, ma soprattutto allettato dalla promessa, che il nostro esploratore gli fece, di raccomandarlo presso lo Stato Maggiore del forte St. Anthony per fargli ottenere un incarico come guida, accettò dicendo: "Lei, Signore è un uomo di mondo". Partirono subito (prima che gli indiani gli mangiassero tutte le provviste), con la solita canoa, che quel giorno Beltrami aveva nel frattempo, acquistato.

Il maltempo però li costrinse a fermarsi presto, sbarcati pernottarono al riparo delle fronde di un platano.

La mattina del 21 agosto ripartirono presto, si recarono alla misera baracca del Bois-brulè che si accomiatò dalla moglie, emaciata, e dai 5 figli, indigenti. Beltrami un po' impietosito, un po' per accattivarsi la simpatia del tizio, che riteneva non del tutto affidabile, sfamò la famigliola e lasciò un po' di provviste per il periodo di assenza del capofamiglia.

Nei giorni seguenti (il 22, 23 e 24 agosto) Beltrami cominciò l'esplorazione delle rive del Red lake e dei suoi dintorni tracciandone una breve descrizione e qualche informazione: per 40 miglia intorno al lago si stendevano foreste fitte, più lontano praterie e boschetti.

Il Red river usciva dal lago dall'angolo sudovest fra resolacc e riso selvatico. Il fiume poi compiendo numerosissimi meandri compie un percorso di 450 miglia per raggiungere Pembenar mentre , in linea retta, via terra le miglia si riducono a 250. Il Red lake è in realtà composto da due bacini comunicanti attraverso un passaggio abbastanza stretto , il bacino più a nord è chiamato Upper Red lake quello a sudovest Lower Red lake si stimava che il complesso avesse un perimetro di 160 miglia; gli venne riferito anche che c'era un altro villaggio sulle sue rive con 400 abitanti. Durante una di queste esplorazioni, in direzione sud-sudovest scoprirono otto piccoli graziosi laghetti comunicanti fra loro, con acque molto limpide e adagiati in un paesaggio particolarmente ameno e dai quali nasce il fiume "Dei Gravois"; passarono laggiù una notte e Beltrami battezzò i laghetti con il nome di amici italiani.

In quel luogo crescevano molti "alberi da zucchero" (aceri) e questo gli offre l'occasione di informarci sul metodo indiano di produzione dello zucchero: in primavera venivano fatte incisioni oblique nella corteccia a circa un metro da terra, nella parte bassa delle incisioni veniva piantato uno stecco da cui la linfa veniva fatta gocciolare in recipienti di scorza di betulla posti ai piedi degli alberi; i recipienti pieni venivano portati in una capanna, centro di socializzazione, dedicata alla lavorazione, la linfa veniva fatta bollire in grandi pentole e portata alla densità del miele liquido, già in questa fase sulle pareti della pentola si formavano granuli di zucchero ma la parte sciropposa sul fondo veniva estratta e posta su una stuoia di fibra di tiglio poi messa in una madia granulante dove mentre raffreddava veniva "lavorata" perché si formassero dei granuli che venivano poi polverizzati, si poteva pressandolo subito ricavarne piccoli dolci, la gran parte veniva immagazzinata in recipienti di scorza di betulla per essere utilizzata sciolta in alcuni decotti come bevanda oppure in altri come medicinale oppure ancora usata come merce di scambio mentre con lo sciroppo si condivano frutta, vegetali, cereali e perfino pesce. Il 25 agosto Beltrami e la guida ritornarono al villaggio dove era stato ospite la sua prima notte sul Red lake, per ingaggiare anche uno degli indiani, per maggior sicurezza; in questa occasione ebbe modo di assistere ad una cerimonia nella "Casa della Medicina" del villaggio. Scoprì anche che da sud il lago riceveva un fiume interessante perché parzialmente invisibile, era chiamato fiume "Del Grande Trasbordo" perché per 15 miglia dalla riva del lago scorreva sepolto sotto i tronchi di una foresta abbattuta da un uragano, era perciò invisibile e non navigabile per tutto quel tratto ed era necessario camminarvi sopra portando le canoe in spalla, richiedendo così, appunto, un grande trasbordo.

Subito Beltrami intuì che si trattasse del braccio più a monte del Red river cioè quello proveniente dalle sue sorgenti e che lui, risalendolo, sarebbe stato il primo europeo a farne la scoperta.   Il 26 agosto 1823 il terzetto partì con lo scopo di raggiungere le sorgenti del fiume "Del Grande Trasbordo", si fecero aiutare anche da un altro indiano munito di un cavallo per trasportare più agevolmente i bagagli durante il trasbordo con al canoa in spalla; a metà strada (dopo 7 miglia), in mezzo ad un paesaggio suggestivamente bello ma cupo e impenetrabile, si imbatterono in un laghetto dalle acque scure ed immobili che perciò Beltrami battezzò con il nome di "Averno".

Quella sera arrivati alla fine del trasbordo, fradici a causa di un temporale, si accamparono sulla riva di un altro laghetto che venne battezzato lago "Dei Pini" a causa degli alberi che lo circondavano, da questo esce il fiume "Dorato" che si dirige a nord mentre ad ovest comunica con un altro laghetto, privo di immissari, le cui acque ribollono provenendo dalle profondità della terra.

▶ **Tav. 13** - 13 agosto 1823. Dopo aver congedato il Bois-brulè, Beltrami con i due Chippewa iniziò la risalita del Red River con una canoa che, tempo prima, i due indiani avevano nascosto fra i canneti.

August 13, 1823. After leaving the Bois-brulé, Beltrami with the two Chippewa began the climb of the Red River with a canoe that the two Indians had previously hidden between canes.

DALLE SORGENTI AL SANDY LAKE

LETTERA 9) Argomento: viaggio dalle sorgenti settentrionali del Mississippi al Sandy lake (Lago delle sabbie)

Redatta il 29 settembre 1823 nei pressi del Lago delle sabbie.

Il 29 agosto 1823 si avviarono, a piedi con la canoa e i bagagli in spalla, perché le acque del Mississippi, per due miglia dalla sorgente, scorrono fra canneti e riso selvatico così fitti da essere impraticabili con la canoa, poi esse si gettano nel Turtle lake (lago "Della Tartaruga"), così chiamato a motivo di una grossa tartaruga che un secolo prima era vissuta presso le sue rive, nutrita e venerata dai pellirosse. Il Lago è un labirinto inestricabile per la quantità di isole, penisole, anfratti, baie ed insenature che ospita, furono costretti ad esplorarlo a fondo per trovare il punto da cui il Mississippi ne esce.

Dal punto d'entrata del Mississippi (a nord) navigarono per due miglia verso sud, poi verso est trovarono un passaggio fra un'isola e una lingua di terra, si diressero poi ancora verso sud, quindi ad ovest fra capi e promontori, ed infine a sud-sudest, da dove il Mississippi finalmente ne esce. Beltrami stimò che la superficie del lago potesse essere di 100 miglia quadrate. L'unico fiume che entra ed esce dal lago è il Mississippi; il fiume già nel punto di uscita dal lago è così largo e profondo da essere navigabile con battelli di grandi dimensioni, tutto il terreno circostante è "tremante" (cioè galleggiante). Dal punto di uscita dal lago il Mississippi scorre per un tratto verso est, poi devia verso nordest entrando in un laghetto che Beltrami battezzò "Jeromine" in onore della destinataria delle sue lettere.

Dopo aver percorso altre 7 o 8 miglia incontrarono un altro laghetto che venne battezzato "Monteleone" ed infine dopo altre 15 miglia in direzione est-sudest il trio giunse nel punto in cui il fiume "Degli Aironi", da nordovest, si getta nel Mississippi, il quel luogo trascorsero la notte del 1° settembre 1823. La mattina del 2 settembre l'indiano che li accompagnava suggerì una escursione, fuori itinerario, si trattava cioè di risalire il fiume "Degli Aironi", presso il cui sbocco si trovavano, fino ad un punto che lui conosceva, e poi con un breve trasbordo si sarebbero trovati di nuovo sul Turtle lake; durante il percorso avrebbero potuto trovare degli orsi che, in quella stagione, si sfamavano presso i numerosi alberi da frutto, e loro tre avrebbero potuto sparargli senza scendere dalla canoa. Durante il percorso attraversarono un paesaggio stupendo e trovarono ancora più bello il lago da cui il fiume "Degli Aironi" esce. Il lago è composto da due meravigliosi bacini, nel primo, a forma di anfiteatro, si entra da ovest e uscendone da nord ci si immette nell'altro bacino, a forma di ellisse; Beltrami lo battezzò "Lago Torriggiani". Sbarcarono sulla riva nord del lago, appesero i bagagli ad un albero e portando con loro solo i fucili e la canoa, fecero un trasbordo di 4 miglia attraversando una scura foresta, popolata di martore, fino a che raggiunsero un altro lago, a forma di semicerchio, che

◄ **Tav. 14** - Sempre il 13 agosto 1823. Durante una sosta i due Chippewa ebbero uno scontro a fuoco con alcuni Sioux. Al riapparire di Beltrami (che si era momentaneamente appartato) i Sioux si ritirarono nei boschi.

Always on August 13, 1823. During a stopover, the two Chippewa had a gunfight with some Sioux. When Beltrami (who was temporarily hidden) show himself, the Sioux retreated into the woods.

venne battezzato "Antonelli". Risaliti in canoa attraversarono il lago nel senso della lunghezza, da sud a nord, e dopo uno sbocco ingombro di giunchi e riso selvatico, si ritrovarono nel Mississippi nel punto in cui esce dal Turtle lake e laggiù trascorsero la notte. Vennero svegliati da un "tremendo uragano che abbatteva gli alberi come fossero tulipani e li sradicava come carote". Per evitare di finire schiacciati dagli alberi si rifugiarono in una grande radura (sotto la canoa rovesciata) salvando dal disastro loro stessi e la canoa.

Il mattino del 3 settembre c'erano alberi schiantati ovunque e il Turtle lake era torbido ed agitato. Si rifugiarono sotto un cumulo di alberi caduti incrociandosi l'uno sull'altro e sotto quel riparo l'indiano accese un fuoco intorno al quale asciugarono loro stessi e gli abiti; più tardi ritornando sui loro passi fino al lago "Torriggiani", sulla sua riva ovest notarono un fiumiciattolo con una colonia di castori e le loro dighe. Quella sera (del 3 settembre) il terzetto raggiunse lo stesso luogo in cui il giorno precedente avevano appeso i bagagli ad un albero e laggiù trascorsero la notte.

Il 4 settembre navigarono discendendo il Mississippi per tutto il giorno dall'alba al tramonto. Il percorso passava attraverso un territorio di acquitrini e terre galleggianti inframezzati da praterie e foreste. Il letto del fiume è profondo e il corso dolce e piano, il grande fiume forma, in quei luoghi, quattro bacini in successione, il più grande con una superficie di 7 miglia e il più piccolo di 4 miglia. Beltrami li battezzò "Laghi della Provvidenza" per la grande quantità di riso selvatico maturo che essi ospitavano e di cui i nostri tre protagonisti fecero scorta. Appena sbucato dall'ultimo dei quattro bacini il Mississippi entra nel Red Cedar lake (lago del "Cedro Rosso" oggi "Winnibigoshish") e ne esce da est-nordest. Beltrami sostiene che, nella storia, nessun "bianco" si era mai spinto oltre questo punto; affermando che nel 1819 la spedizione del Generale Lewis Cass, Governatore del Michigan, con al seguito il geologo Henry Rowe Schoolcraft (che nel 1832 individuò nel lago Itasca le sorgenti occidentali del Mississippi), fissò in questo punto le sorgenti del Mississippi e che il lago era stato ribattezzato "Lago Cass" cancellando il nome originario di "Red Cedar" lake (oggi il nome di "Cass Lake" è in realtà attribuito al bacino occidentale del Winnibigoshish che è il nome odierno del Red Cedar lake). Il lago è grande se si comprendono anche i due bacini a ovest (il più grande) e a sud (il più piccolo) con esso comunicanti. Nel lago si trovano isole immense, baie e promontori variano le rive del bacino principale e quattro isole lo dividono in più bracci.

Una delle isole con ben 25 miglia di circonferenza era abitata da un centinaio di Chippewa, secondo loro la circonferenza del bacino principale era di 80 miglia, quello comunicante ad ovest, di forma triangolare, (oggi Cass Lake) aveva un perimetro di 35 miglia, mentre il più piccolo, comunicante a sud, aveva solo 8 miglia di circonferenza. Il secondo bacino, Cass lake, dall'angolo ovest-nordovest è alimentato da un fiume notevole che gli indiani chiamavano fiume "Del Lago Traverso" (da non confondere con quel Lago Traverso incontrato, nel racconto, presso le sorgenti del falso Fiume Rosso). Questo fiume "Del Lago Traverso" giunge qui, da sudovest, dopo 20 miglia di percorso, e nel tragitto riceve da ovest le acque

◄ **Tav. 15** - 14 e 15 Agosto 1823. Beltrami, abbandonato dai due Chippewa, si cimenta da solo nel traino e nella conduzione della canoa per risalire il Red river.

August 14 and 15, 1823. Beltrami, abandoned by the two Chippewa, is trying to conduct clone the canoe to go up the Red River.

di un canale naturale di 2 miglia che esce da un altro lago chiamato "Della Cerva" il quale non ha tributari e pare essere alimentato dalle profondità della terra. Secondo le informazioni ricevute da Beltrami, era laggiù che si trovavano le sorgenti occidentali del Mississippi, egli però le ritenne meno importanti di quelle da lui scoperte perché valutò che le "sue sorgenti", oltre ad essere più a nord quindi più lontane dalle foci (nel Golfo del Messico) nel senso della latitudine, fossero anche a 100 miglia dal Cass Lake mentre valutò che quelle del lago "Della Cerva" fossero a sole 40 miglia di distanza; non ebbe modo si sapere che invece il lago "Traverso" (oggi Bemidji lake) ha un tributario che, proveniente dal più lontano lago "Itasca", a sudovest, vi si immette dopo un tragitto ad arco e che quindi queste sorgenti occidentali sono più lontane, nel senso del chilometraggio, rispetto a quelle da lui scoperte. Il 5 il 6 e 7 settembre navigarono seguendo il Mississippi che, uscendo dal Red Cedar lake, scorre verso est fino al lago "Winipec" (da non confondere con il "Winnipeg" in Canada, molto più grande). Questo lago ha una superficie di 50 miglia quadrate (cioè 8 miglia di diametro se fosse stato tondo, quindi non molto grande) il Mississippi ne esce a est-sudest e poco dopo si allarga formando un bacino di sole 5 miglia di superficie, poi sempre scorrendo verso est-sudest, dopo un trentina di miglia e a 70 miglia dal Red Cedar lake riceve le acque del fiume "Sangsue". Per tutto il tragitto appena descritto il Mississippi attraversa dolcemente terre "galleggianti" intrise d'acqua e Beltrami, con i compagni, passò le notti all'umido, galleggiando su quel suolo fradicio. La notte del 7 settembre 1823, riposarono nei pressi della confluenza del fiume "Sangsue". Il giorno 8 settembre, avendo avuto notizia di un lago da cui il fiume "Sangsue" proveniva, Beltrami decise di risalire quel fiume per esplorare la zona. Durante la navigazione notarono un tributario che gli indiani chiamavano fiume "Del Gufo". La sera raggiunsero un piccolo lago chiamato "Sogayguen" o "Vacheaux" coperto di riso selvatico .

Il 9 settembre raggiunsero il lago chiamato "Sangsue" (il Leech lake odierno) e sulla sua isola chiamata "Macuwa" (isola "Degli Orsi" oggi "Bear Island") trovarono un villaggio di Chippewa soprannominati "Saccheggiatori" perché massacrarono i primi commercianti canadesi giunti fin lì. Al loro arrivo trovarono il campo in agitazione. Era in corso una contesa politica fra due capi, uno di nome "Gola Piatta" voleva muovere guerra ai Sioux, l'altro di nome "Cielo Grigio" invitava alla prudenza. Beltrami li aveva già conosciuti durante il suo soggiorno al forte St. Anthony ed essi, riconosciutolo, lo invitarono ad assistere al "Gran Consiglio" dove chiesero anche il suo parere, ritenendolo imparziale, perché proveniente dal "Mondo della Luna". Beltrami sfoderò nell'occasione tutte le sue doti diplomatiche, disse infatti che proprio perché proveniente da un "Altro Mondo" non si riteneva in diritto di esprimere un giudizio, ma che come uomo a cui si richiedeva un consiglio avrebbe dato il suo, cioè inviare una delegazione al forte e parlarne con il Maggiore Taliaferro. "Cielo Grigio" fu subito d'accordo e si offrì di accompagnare, lui stesso, Beltrami al forte. Più tardi, "Gola Piatta" invitò Beltrami nella sua tenda per parlare un po' con lui e Beltrami ebbe occasione di ripetergli il suggerimento già espresso durante il "Gran Consiglio". "Gola Piatta", non soddisfatto, consultò un oracolo ma dato che "l'indovino" apparteneva alla

◄ **Tav. 16** - 16 agosto 1823. Beltrami, sempre solo, è vittima di un temporale che da mezzogiorno lo accompagna fino a sera.
August 16, 1823. Beltrami, still alone, is hit by a thunderstorm that will accompany him from noon until evening.

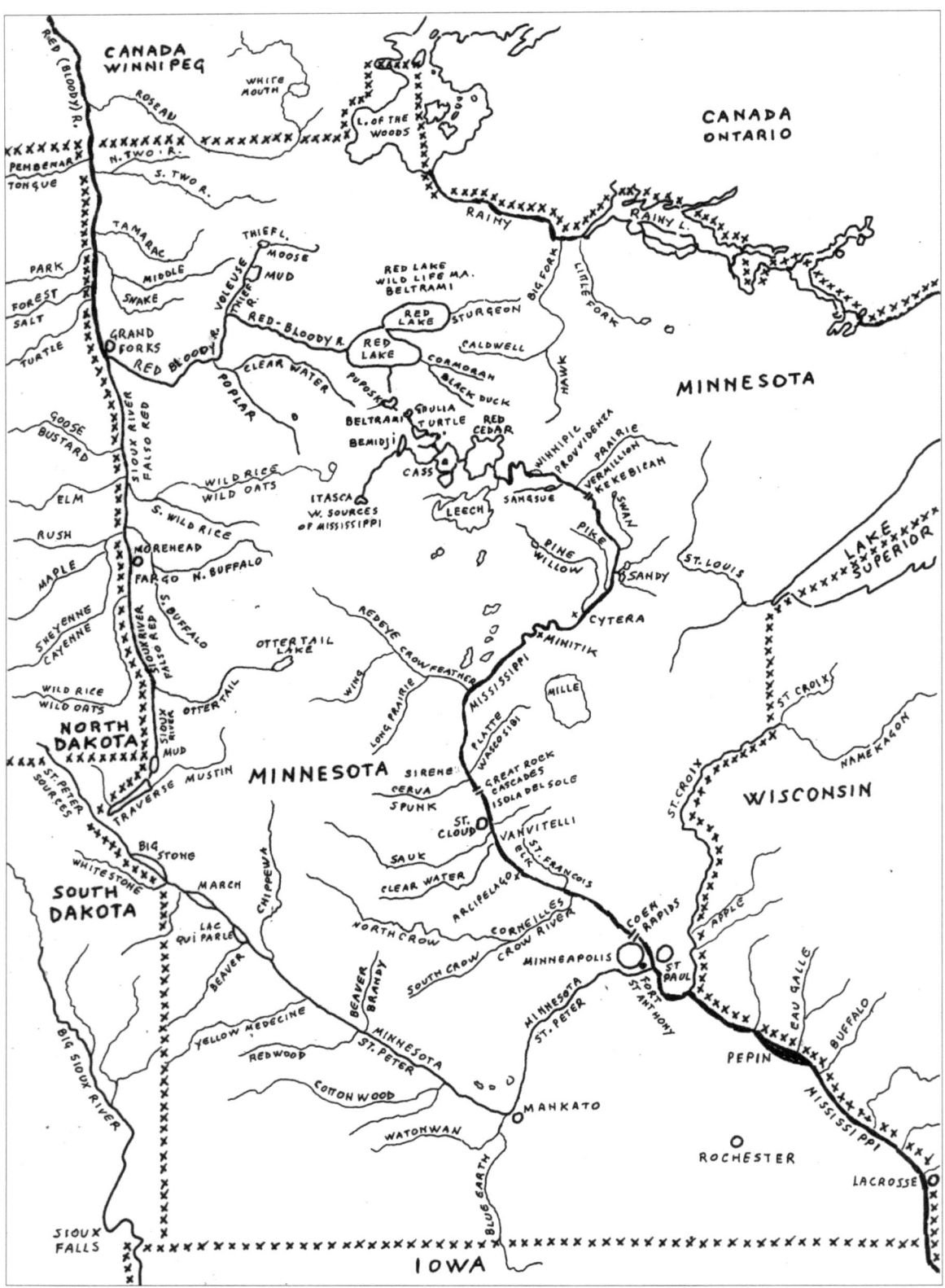

sua fazione, naturalmente, diede ragione al capo. E' interessante la descrizione della "cerimonia" che ci viene fornita: lo sciamano sedette su un treppiede a mò di trono, con una pentola ai suoi piedi in cui bolliva un decotto di "erbe aromatiche" ed acqua, poi fu avvolto in corteccia di betulla lasciando solo un'apertura nella parte superiore, aspirò poi con un lungo cannello da pipa, privo di fornello, i vapori del decotto, infine cominciò ad emettere grida e parole incomprensibili (anche dal Bois-brulè , presente, che conosceva perfettamente la lingua algonquin). I nostri soggiornarono in quel villaggio per alcuni giorni esplorando i dintorni e Beltrami ebbe occasione di osservare due cerimonie funebri, secondo lui insolite, che ci descrive: una era per il genero del capo "Cielo Grigio" il cui corpo era rimasto nelle mani dei Sioux, singolare era il fatto che fu eseguita la danza contemporaneamente alle lamentazioni , il che produceva un certo contrasto; la seconda, invece, era per uno sciamano, anche in questo caso si fecero contemporaneamente canti, danze e lamentazioni ma inoltre, durante il pranzo rituale, venne servita anche al defunto la sua porzione ed i parenti , ferendosi, facevano colare su di lui il loro sangue e la moglie gli fece dono dei propri capelli e degli ornamenti, poi invece di seppellirlo lo cucirono in una pelle con armi, viveri e il suo sacco di medicina e lo issarono in cima a una grande quercia; questo perché, essendo un'aquila il suo Manitou personale, ritenevano che da lassù il suo spirito si sarebbe più facilmente congiunto con quello dell'aquila per il suo ultimo viaggio. Beltrami poi rivolgendo la sua attenzione al paesaggio ci dice che il lago "Sangsue" (Leech lake) è molto esteso (più grande del Red Cedar lake) con numerose e notevoli isole, le coste molto frastagliate con baie così grandi da sembrare laghetti separati, mentre altre si

spingono come tentacoli così profondamente nel territorio circostante da consentire ai nativi, per mezzo di brevi trasbordi, di raggiungere facilmente zone che altrimenti richiederebbero un lunga navigazione lungo il fiume "Sangsue" ed il Mississippi, per essere raggiunte, inoltre risalendo il fiume "Sangsue" per sole 15 miglia, attraversando due laghi e con due brevi trasbordi si raggiunge il Red Cedar lake all'altezza del suo piccolo bacino meridionale. Beltrami non ci fa mancare nemmeno un aneddoto storico, sostiene che quando nel 1805 gli Stati Uniti inviarono qui il Luogotenente dell' esercito statunitense Zebulon Montgomery Pike, con una spedizione composta da 20 uomini , partita da St. Louis, attraverso 2.000 miglia di territorio selvaggio, percorse in battello e a piedi, per cercare le sorgenti del Mississippi, egli dopo aver raggiunto i laghi "Sandy" e "Leech", fissò in quest'ultimo lago le sorgenti del Mississippi, nonostante che il fiume "Sangsue" , che vi entra da nordovest, abbia le proprie sorgenti a 50 miglia di distanza; ma, dice Beltrami, era inverno e tutto il territorio era sepolto dal ghiaccio e sotto il ghiaccio non si possono individuare sorgenti.

Il 12 settembre 1823 nel villaggio scoppiò una rissa tremenda. Alcuni degli indiani erano da poco ritornati da una conferenza con l'agente inglese sul lago "Huron" ed avevano portato dei barilotti di Whisky ricevuti in regalo. In breve tempo tutti gli uomini ed eccezionalmente anche le donne (che di solito fungevano da moderatrici) si ubriacarono e tutte le loro più violente passioni, gelosie, rancori, odi, rivalità e antipatie si scatenarono. Beltrami e il Bois-brulè si appartarono su un rialzo di terra con al fianco le armi cariche e la spada semi sguainata, evitando di rispondere alle provocazioni ma con la determinazione nello sguardo.

Dopo un po' una figlia del capo "Cielo Grigio", ancora sobria, chiese il loro aiuto perché il padre rischiava di soccombere sotto i colpi di due assalitori. Giunsero appena in tempo, riuscirono a disarmare gli avversari di "Cielo Grigio" e lo sospinsero nella capanna di un suo amico, ma il capo , anch'egli ubriaco, ferì , non gravemente, l'amico prima che i nostri riuscissero a disarmarlo e ad acquietarlo.

Il giorno successivo (13 settembre 1823) il bilancio fu di 24 feriti di cui 7 in fin di vita e 2 morti, uno dei due era l'indiano che aveva accompagnato Beltrami durante le ultime due settimane, anche il Bois-brulè aveva una mano ferita e decise di ritornare a casa; Beltrami acquistò una canoa e gliela regalò insieme ad alcune cose di cui poteva avere bisogno fra cui una pentola grande. Decise anche lui di partire per ritornare al forte St. Anthony insieme a "Cielo Grigio"; partirono subito allontanandosi dal villaggio ancora in subbuglio ma dopo un breve tratto furono costretti a fermarsi perché il lago era tempestoso e nel punto in cui il fiume "Sangsue" esce dal lago passarono la notte del 13 settembre.

Il 14 settembre durante la mattina discesero il fiume "Sangsue" fino al suo sbocco nel Mississippi e in quei pressi fecero sosta in un avamposto della Compagnia Commerciale del Sudovest, ma l'unico abitante era un guardiano, pertanto non potendo ingaggiare nessuno che si unisse a loro ripresero subito il viaggio.

Rientrati nel Mississippi, nel punto il cui Beltrami lo aveva lasciato sette giorni prima, co-

◄ **Tav. 17** - 18 agosto 1823. Beltrami incontra alcuni Chippewa ed ingaggia il più anziano per farsi aiutare nella conduzione della canoa fino al Red Lake.

August 18, 1823. Beltrami meets some Chippewa and hires the oldest of them to help him to conduct the canoe to Red Lake.

18

minciarono a discenderlo e sul percorso trovarono molto riso selvatico maturo di cui fecero scorta durante una sosta.

Beltrami si accorse di non avere più pentole, avendo regalato quella grossa al Bois-brulé mentre quella piccola era stata regalata da "Cielo Grigio" (benché non gli appartenesse) ad un amico suo che avevano incontrato quel mattino. Così Beltrami, per consumare un pasto, fu costretto a tre cotture di riso nella tazza di ferro rimastagli, mentre il Capo "Cielo Grigio", masticando tranquillamente il riso crudo, rideva di lui.

A questo punto è utile fare una precisazione: il riso selvatico, così diffuso il quei territori prestando il proprio nome a diversi laghi e fiumi e al popolo dei Chippewa, in verità non è proprio "riso" bensì un'erba acquatica che crescendo nelle paludi e nelle acque basse di laghi e fiumi arrivando a colmarli tanto da far loro assumere, visto da lontano, l'aspetto di praterie e che può raggiungere qualche volta anche un'altezza di sei metri porta il nome scientifico di "Zizania Aquatica"; mentre un uomo spingeva la canoa in mezzo ai fusti fittissimi per mezzo di un palo (non era possibile maneggiare le pagaie) la donna con due bastoni piegava le "spighe" sulla canoa e battendole faceva cadere i semi riempiendo la canoa fino a che era possibile, ripetevano il viaggio più volte per farne scorta per l'inverno.

Al villaggio la donna stendeva il "riso" ad asciugare, poi versatolo in una fossa foderata di scorza di betulla lo batteva con un pestello o un grosso bastone per staccarne la "buccia", infine lo estraeva e lo vagliava ponendolo su fogli di corteccia di betulla che venivano scossi perché la "pula" volasse via lasciando solo i semi e finalmente veniva immagazzinato in secchi (di betulla) o in sacchetti. Riprendendo il racconto del viaggio, il Mississippi per 70 miglia dopo la foce del fiume "Sangsue" scorre fra "terre galleggianti" fino al punto in cui si incontra una piccola cascata chiamata "Kekebican"; 50 miglia ad ovest di quel punto si trova il lago "De la Croche" e a 60 miglia di distanza scorre il fiume "Vermillon". Proseguendo oltre incontrarono delle cateratte formate da sei cascate, che occupano un tratto di un miglio, che i nostri le superarono per trasbordo; il paesaggio incantò Beltrami con la riva ovest occupata da una collina scura per i cipressi, gli abeti e i cedri che la coprivano mentre la riva est era occupata da un costone verdeggiante di alberi ed arbusti, irta di rocce suggestive rievocanti obelischi e piramidi mentre tutto intorno il canto degli uccelli, il gracchiare dei corvi ed il rombo delle cascate riempivano l'aria. Proseguendo, solo 10 miglia più a valle raggiunsero le "Rapide Brucianti" che occupano un tratto di mezzo miglio e che il Capo volle superare stando in canoa, con grande rischio.

In questo tratto il Mississippi riceve da est i fiumi "Della Prateria", "Dei Caprioli", "Delle Trote" e "Dei Cipressi", mentre da ovest riceve il fiume "Delle Martore". Prima di raggiungere lo sbocco del fiume "Delle Sabbie" superarono altre rapide meno impetuose, e finalmente dopo 4 giorni di viaggio, la sera del 17 settembre 1823 raggiunsero il lago "Delle Sabbie" (Sandy lake). Beltrami stimò che si trovassero a 300 miglia dal Red Cedar lake e a 400 miglia dal lago "Giulia".

◄ **Tav. 18** - 28 agosto 1823. Beltrami, in compagnia di un Chippewa e di un Bois-brulé che aveva ingaggiato sul Red Lake, dopo una decina di giorni di peregrinazione con la canoa (che aveva acquistato), individua finalmente le sorgenti settentrionali del Mississippi.

August 28, 1823. Beltrami, in the company of a Chippewa and a Bois-brulé who he had hired at the Red Lake, after ten days of per-egrinations with the canoe (which he had purchased), finally finds the northern springs of the Mississippi River.

▲ Costantino Beltrami alle sorgenti del Mississippi ritratto da Enrico Scuri (Accademia Carrara Bergamo).
Costantino Beltrami at the Mississippi springs. Oil canvas of Enrico Scuri (Accademia Carrara Bergamo).

DA SANDY LAKE A FORT SNELLING

LETTERA 10) Argomento: viaggio dal Sandy lake (lago Delle Sabbie) a forte St. Anthony discendendo ll Mississippi e conclusione dell'avventura a S. Carlo alla confluenza fra Missouri e Mississippi.

Redatta a S. Carlo sul Mississippi il 24 ottobre 1823.

Il Sandy lake è un piccolo, grazioso, irregolare bacino con 10 miglia di superficie, pochissimo discosto dal corso del fiume Mississippi, circondato da colline, con quattro isole e diversi promontori, vi si immettono due fiumi, il Sandy river vi entra da est-nordest e ne esce da ovest riversandosi subito nel Mississippi, l'altro chiamato fiume "Dell'Avena Selvatica" vi entra da sud-sudest. Il Sandy river è un'importante via d'acqua, infatti da questo lago si può raggiungere il Lago Superiore in soli due giorni: risalendo prima il Sandy river poi trasbordando per raggiungere il fiume "Sawannà", discendendo quest'ultimo fino alla foce si entra nel St. Louis river il quale a sua volta si getta nel Lago Superiore, provenendo da ovest. Proprio alla confluenza fra il Sandy river e il Mississippi sorgeva un villaggio indiano con 500 abitanti, campo estivo temporaneo, un raduno per il commercio delle pelli intorno ad un avamposto della Compagnia autorizzata. Il guardiano dell''avamposto fornì a Beltrami ciò di cui necessitava: una pentola, una coperta, del rhum e munizioni.

La notte del 19 settembre 1823 il freddo terribile causò una gelata.

Il 21 settembre Beltrami riuscì ad ingaggiare un secondo indiano e salutato il guardiano ripartì in canoa con i due Chippewa, issando come sempre il suo ombrello rosso, aperto sopra i bagagli nella canoa, come bandiera di neutralità rivolta ai Sioux, che spesso facevano incursioni nei territori che avrebbe attraversato. Essendosi informato, ci descrive il percorso che lo attendeva prima di raggiungere St. Anthony: a 15 miglia dalla partenza avrebbero incontrato la foce del fiume "Dei Pini" (oggi Willow river), proseguendo lungo il corso del Mississippi, che in questo tratto scorre verso sudovest, dopo altre 90 miglia avrebbero incontrato la foce del fiume "Penna di Corvo" (Crow feather river, oggi Red Eye river) anch'esso proveniente da ovest come il precedente, in seguito il Mississippi volge a sud per 100 miglia fino alle "Cascate della Grande Roccia", proseguendo oltre per altre 150 miglia avrebbero avvistato, ad ovest, lo sbocco del fiume "Corneilles" e finalmente dopo altre 60 miglia avrebbero raggiunto forte St. Anthony, ad una distanza di 950 miglia dalle "Sorgenti Giulie" e a 550 miglia dal Sandy lake.

Dopo alcune miglia dalla partenza avvistarono la foce del fiume "Dei Salici" (non menzionato nella descrizione del percorso), proveniente da ovest, che Pike, a suo tempo, aveva battezzato con il proprio nome. La loro navigazione si interruppe presto perché per il resto del 21 e per tutto il 22 settembre furono vittime di diversi temporali; il peggiore proprio il 22 durante il quale rischiarono di perdere la canoa.

La mattina del 23 settembre Beltrami notò che il livello delle acque del Mississippi si era alzato di ben due metri e mezzo, rimasero fermi per tutto il giorno per far asciugare abiti, canoa e bagagli, inoltre Capo "Cielo Grigio" non stava bene. Quella sera Beltrami seguì l'altro indiano a caccia di caprioli utilizzando un metodo particolare: l'indiano si legò al petto un grosso pezzo rettangolare di corteccia e vi fissò una torcia accesa, la torcia avrebbe attratto l'attenzione dell'animale che, rimanendone come ipnotizzato, sarebbe caduto facile preda dei cacciatori, ma non ebbero fortuna.

Il 24 settembre ripresero il viaggio ma, giunti all'altezza dello sbocco del fiume "Dei Pini" (oggi Willow river) proveniente da ovest, Capo "Cielo Grigio" si inquietò non avendovi trovato uno dei suoi figli con due amici, a cui aveva dato appuntamento fin dal 13 settembre; Beltrami, al contrario, si sentì sollevato perché quei tre erano stati fra i peggiori durante la rissa del 12 settembre. Il tratto del Mississippi che precede il fiume "Dei Pini" è profondo e tranquillo tranne per due piccole rapide separate da un breve intervallo, le rive invece, che sono dominate da scuri cedri, pini e cipressi, sono lugubri; però poco oltre, superata la graziosa isola che frena le acque allo sbocco del fiume "Dei Pini", il paesaggio cambia diventando ridente e maestoso, formato da colline e praterie aperte, punteggiate da boschetti e foreste, e presto trovarono sul percorso cinque isolette che facevano da corona ad una sesta collocata nel mezzo, la quale , portando alla memoria di Beltrami paesaggi dell'antica Grecia, egli battezzò col nome di "Cytera" e laggiù pernottarono.

Il 25 e il 26 settembre navigarono senza problemi e ad una distanza di 100 miglia dal Sandy lake incontrarono la seconda isola del Mississippi (per estensione) che gli indiani chiamavano "Minitik".

Percorrendo quel tratto superarono i punti di sbocco dei fiumi "Frapèe", "Vases" e "Del Cedro Rosso", tutti da est, l'ultimo dei quali proveniente da un lago omonimo (da non confondere con quello vicino alle "Sorgenti Giulie"), ad ovest invece avvistarono gli sbocchi del fiume "Dei Piccoli Salici" e quello di un secondo fiume "Dell'Avena Selvatica".

La sera del 26 settembre, al momento di accamparsi, furono raggiunti da 15 Chippewa distribuiti su 5 canoe, anche loro diretti al forte per parlare con il Magg. Taliaferro. Beltrami fumò con loro il calumet ma rimase silenzioso e distaccato, non dando loro confidenza, per imporre rispetto ed evitare insolenze. Infatti nei giorni seguenti essi risero solo un po' di lui quando lo vedevano lavarsi la faccia, mentre loro se la tingevano con nerofumo e terra rossa e bianca che talvolta la pioggia scioglieva sulla loro pelle, marmorizzando i loro volti.

Il 27 settembre , navigando, finalmente raggiunsero il punto in cui il "Crow Feather" river (fiume Penna di Corvo, oggi "Red Eye" river) si getta nel Mississippi, esso proviene da laghi situati a nordovest il cui maggiore era chiamato lago "Dell'Orso Bianco"; laggiù il giornale American Gazetter di Mister Morse (predicatore) collocò le sorgenti del Mississippi (ovviamente sbagliando). Questo fiume ha una portata quasi uguale a quella del Mississippi nel punto in cui vi si getta ed al suo sbocco forma due graziose isole. Venti miglia più a valle si trova invece lo sbocco del fiume "Wasco-sibi", proveniente da est (oggi fiume "Platte", da non confondere con quello nella patria dei Cheyennes, lontanissimo da qui); esso a quei tempi prendeva nome

▶ **Tav. 19** - 12 settembre 1823. Sulla via del ritorno, Beltrami, ospite di un villaggio Chippewa sull'isola Macuwa nel lago Sangsue (oggi Leech Lake), è testimone di una colossale rissa fra gli indiani ubriachi di whisky.

September 12, 1823. On the way back, Beltrami, guest in a Chippewa village on Macuwa Island in Lake Sangsue (now Leech Lake), is witness to a colossal brawl between whiskey drunken Indians.

da un "Profeta" Chippewa che era vissuto presso le sue rive.

Sei miglia oltre questo fiume il Mississippi si allarga formando un bacino che ospita 12 isole immerse in un paesaggio dolcissimo che a Beltrami ricordò le rive del lago di Garda in Italia, egli battezzò quell'arcipelago con il nome di "Isole delle Sirene". Quella sera (27 settembre) si accamparono dove sorgeva un'altra superba isola, di forma circolare, immersa in un paesaggio che evocando a Beltrami luoghi druidici battezzò isola "Del Sole".

Il 28 settembre, dopo aver percorso 15 miglia superando lo sbocco del fiume "Della Cerva" raggiunsero gli sbocchi dei fiumi "Dei Cigni" e di un secondo "Due Fiumi" (da non confondere con il "Two River" vicino a Pembenar), tutti provenienti da ovest. Incontrarono poi un tratto tormentato da numerose rapide fino alla cascata "Della Grande Roccia" che superarono in canoa, evitando la cascata, imboccando un canale sul lato est il quale, scorrendo al riparo di un'isoletta, aveva acque più tranquille.

Più a valle, sempre proveniente da ovest, sbocca il fiume "Zakatagana", che prende il nome da un legno che gli indiani utilizzavano come esca da fuoco, essendo molto infiammabile, di cui Beltrami conservò un campione per la sua collezione.

Da questa zona hanno inizio le grandi praterie aperte , interrotte solo da boschetti e macchie molto sparsi, e fino a qui, d'inverno, spesso arrivano i bufali. Ancora più a valle si incontrano gli sbocchi di tre fiumi, in rapida successione, il "Galet" da est, uno senza nome da ovest, ed infine quello "Delle Volpi"; ancora oltre alcune rapide, poi un arcipelago di 15 isole che a Beltrami ricordarono quelle Egee. Percorse altre otto miglia incontrarono rapide violente che gli

▲ **Il generale Lawrence Taliaferro in una foto d'epoca.**

The general Lawrence Taliaferro in an oldest daguerreotype

◄ **Ornamenti indiani raccolti dal Beltrami**: a sinistra la famosa borsa della medicinaricavata dalla pelle di un castoro. Una saccca indiana ed un fodero per coltello in lato, e i basso una borsa da femmina indiana.

Indian ornamnets from the Beltrami collection: on the left a medicine sack, made of the coat of an animal. Abobe a pouch (Sioux), and a knife sheath (Cypowais). Below a woman's Apron pouch.

indiani superarono in canoa, con straordinaria perizia, "volando". Finalmente la sera (del 28 settembre) si accamparono dove Capo "Cielo Grigio" aveva abbattuto un capriolo sparandogli direttamente stando in canoa. Beltrami si appartò salendo su una collinetta che dominava il fiume e il paesaggio, lassù passò la notte solo e felice, coricandosi sotto un albero.

All'alba (del 29 settembre) si godette il paesaggio respirando l'aria fresca, mentre il Sole emergeva lentamente dall'orizzonte, dissolvendo le nebbie del fiume sottostante gli svelò il bacino che il Mississippi forma in quel punto, al centro del bacino un'isola sorprendentemente pentagonale che la mente di Beltrami associò al ricordo del lazzaretto di Ancona, opera del Vanvitelli, gli indiani chiamavano quel luogo "Grande Eco", ed è 25 miglia a valle dall' arcipelago menzionato in precedenza; sempre dalla collina Beltrami sollevò lo sguardo verso l'ampio paesaggio circostante e scorse nelle vicinanze un fiume considerevole, senza nome, che si immetteva da ovest e poco oltre, proveniente dalla stessa direzione, il fiume "Dell'Acqua Chiara", così chiamato proprio per l'eccezionale limpidezza delle sue acque.

Ripreso il viaggio, dopo aver superato le foci dei due fiumi appena nominati, arrivarono allo sbocco del fiume "Doppio", proveniente da est, che fu il punto d'arrivo di Padre Hennepin, egli chiamò questo affluente "St. Francois" in onore del Santo del giorno della scoperta, anche la sua foce è schermata da un'isola e si trova a sole 65 miglia da forte St. Anthony, la sua portata è notevole come quella del fiume "Corneilles" il quale, proveniente da ovest, si trova cinque miglia più a valle e che i Chippewa chiamavano "Fiume dei Sioux" perché teatro di molti scontri fra i due popoli.

La notte del 29 settembre fu gelida, tutta la zona si coprì di ghiaccio, ma gli indiani seminudi, riparati solo dalla loro coperta spesso troppo piccola, ancora una volta non diedero segno di soffrire il freddo.

Il mattino del 30 settembre 1823 Beltrami ebbe occasione di uccidere una puzzola e si affrettò a sezionarla per svelare un mistero, era curioso di verificare se il liquido puzzolente di questo animale provenisse da un'apposita ghiandola oppure fosse semplice urina, come sostenuto da certi naturalisti "da biblioteca"; egli scoprì che la prima ipotesi era quella giusta. Ripartiti, durante il percorso superarono l'affluente chiamato fiume "Dell'Acqua di Vita", proveniente da est ed un altro, senza nome, proveniente da ovest e si avvicinarono alle "Cascate di St. Anthony"; nel momento in cui avvistarono l'acqua spumeggiante delle cascate avvistarono anche il mulino della guarnigione del forte. Scesero dalle canoe e trasbordarono passando a lato delle cascate, prima di risalire in canoa, mentre gli indiani si tingevano il viso e si agghindavano, Beltrami fece un bagno, si rasò la barba, si rassettò e si rivestì con gli abiti migliori, tutti in pelle di cervo e di fattura Chippewa. Otto miglia più a valle raggiunsero finalmente il forte St. Anthony. L'avventura si era conclusa.

Al forte lo credevano morto e furono lietissimi di rivederlo sano e salvo e nei pochi giorni in cui si trattenne ancora laggiù, più ancora che con ammirazione e rispetto, fu trattato con caldo

◄ **Tav. 20** - Il 30 settembre 1823 dopo aver disceso il Mississippi con la sua vecchia canoa, Beltrami in compagnia del capo Chippewa "Cielo Grigio" finalmente raggiunge di nuovo il forte St. Anthony.

September 30, 1823. After descending Mississippi with his old canoe, Beltrami, in the company of Chief Chippewa "Grey Sky", finally reaches again Fort St. Anthony.

▲ Antica mappa della zona dei grandi laghi appartenuta al maggiore S.H.Long
Map of the Country Embracing the Route of the Expedition of 1823 Commanded by Major S.H.Long

affetto. In quei giorni il forte era gremito di indiani, a causa di un ennesimo raduno di tutti i capi delle tribù Sioux e Chippewa e ancora una volta si fumò il Calumet della Pace. Beltrami conversando con i capi Sioux scoprì che nell'episodio dello scambio di fucilate sul Red river era stato per rispetto verso di lui che si erano ritirati, abbandonando il campo di battaglia. Essi inoltre aggiunsero che bene aveva fatto tenendo il suo ombrello rosso sempre in vista, perché diversamente avrebbe rischiato di essere il bersaglio di una salva di fucilate o di un nugolo di frecce. Prima di accomiatarsi, Beltrami raccomandò al Magg. Taliaferro di offrire un lavoro di ingaggio, come guida e interprete, al Bois-brulè che lo aveva accompagnato dal Red lake al "Sangsue" (Leech lake); il Maggiore stese una lettera di incarico che, per l'inoltro al destinatario, fu affidata a Capo "Cielo Grigio".

Il 3 ottobre 1823 Beltrami partì da forte St. Anthony diretto al forte di Council Bluff sul fiume Missouri; egli avrebbe voluto compiere il viaggio attraversando a cavallo le praterie, in compagnia di una guida, ma essendo il clima, in quella stagione, troppo rigido ed essendo la regione in subbuglio, a causa di una guerra in corso fra indiani e cacciatori bianchi, assoldati dalla "Missouri Fur Company" (che avevano invaso i territori indiani, privando inoltre i nativi della loro maggiore risorsa economica), egli si risolse a compiere il viaggio fino a St. Louis con un battello, sul quale peraltro godette di ottima compagnia.

Giunto a St. Louis il 20 ottobre 1823 ne ripartì presto per recarsi al forte di "Council Bluff" sul fiume Missouri, dove beneficiò di un clima migliore e di un poco di riposo. Dopo una decina di giorni si imbarcò di nuovo per tornare a St. Louis dove il 9 novembre 1823 prese un altro battello con cui discese il Mississippi fino a New Orleans dove, dopo aver pubblicato il libro che racconta la sua avventura, si imbarcò di nuovo su una nave diretta alla volta del Messico.

FINE

APPENDICE

NOTE RELATIVE ALLE 20 TAVOLE PITTORICHE DEL LIBRO

Avevo 14 anni quando ricevetti in regalo il libro scritto da Beltrami, e come a tutti i ragazzi mi piacque come anche "L'ultimo dei Mohicani" e "Passaggio a nordovest". Negli ultimi tempi, in occasione della mia collaborazione occasionale ad alcune delle opere dell'amico Luca Stefano Cristini gli proposi il progetto di un opera che commemorasse la figura di Beltrami e l'impresa da lui compiuta nella serie dedicata ai cittadini bergamaschi illustri; ai primi di gennaio di quest'anno mi disse che potevo procedere.

L'idea era di una pubblicazione rivolta al grande pubblico, nel formato usuale delle sue pubblicazioni, che contenesse il racconto dell'intera vicenda, le osservazioni di carattere etnico e una serie di illustrazioni appropriate, originali e stimolanti. Per condensare in 40 pagine le 236 pagine del testo originale di Beltrami, conservando il corpo principale delle descrizioni, osservazioni impressioni, aneddoti e vicende da lui vissute nel corso della sua avventura, purtroppo ho dovuto tagliare una buona parte dei suoi "voli" poetici nella descrizione dei paesaggi, limitandoli agli elementi essenziali; ho dovuto escludere gli autentici saggi naturalistici sulla vita ed abitudini dei bufali, dei castori e degli orsi, da lui inseriti nel testo; ho dovuto escludere le acute dissertazioni politiche, sociali, filosofiche e gli interessanti confronti e collegamenti, che egli spesso tratta estesamente, fra le cerimonie ed usanze dei nativi americani e quelle di antichi greci e romani e diverse lunghe descrizioni di personaggi, situazioni, discorsi che però le illustrazioni, in parte, compensano.

In conclusione Ho dovuto concentrarmi, anche se con un po' di rammarico, sugli elementi essenziali cioè: le vicende da lui vissute durante l'impresa, i luoghi, i personaggi, le note storiche, le note etniche riguardanti le tribù da lui incontrate, i necessari riferimenti geografici che consentono di ricostruire il percorso e le caratteristiche salienti dei territori da lui attraversati, il tutto con l'aggiunta solo di poche righe, inserite sporadicamente, a complemento di alcuni temi da lui trattati, o utili a definire meglio i profili dei personaggi da lui incontrati o citati, estratte da altre fonti. Le illustrazioni hanno lo scopo di stimolare e indirizzare la fantasia del lettore nella giusta prospettiva, perché si possa immergere più realisticamente nelle vicende dell'avventura, esse inoltre riassumono in un colpo d'occhio una serie di dettagliate descrizioni; al di là del fatto che possano essere state eseguite con mano più o meno abile (si può sempre fare di meglio) posso dare ragione di ogni dettaglio in esse inserito in base a quanto emerso nella mia ricerca.

La tecnica utilizzata per le illustrazioni, già sperimentata nell'opera dedicata a Bartolomeo Colleoni, richiede una premessa: dato che a me è più facile inquadrare meglio le proporzioni e la relazione fra le masse degli elementi compositivi se l'immagine è piccola, ho eseguito dapprima tutta la serie delle illustrazioni facendone schizzi di formato 10 x 7 cm. o anche meno. Nella seconda fase li ho ingranditi, utilizzando scanner e stampante, portandoli alla misura A4 cioè 29 x 21 cm. invece di ingrandirli quadrettandoli come facevano anche gli antichi e come talvolta ho fatto anch'io, per opere più grandi. Dopo averli stampati su carta ordinaria, li ho sgrossati e corretti usando tempera bianca (per cancellare) e china nera (per modificare) li ho poi ricalcati su carta sottile rifinendoli, dettagliandoli e ripassandoli a china. Nella terza fase ho ripassato questi ultimi allo scanner e li ho stampati su carta da disegno robusta, ottenendo stampe pulite, di immagini lineari cioè senza ombre, in bianco e nero, ristampabili anche più volte all'occorrenza. Infatti in tre o quattro occasioni, visti i primi risultati della colorazione (non tutti i giorni sono uguali...), ho gettato l'opera iniziata, l'ho ristampata e ho ricominciato da capo. Durante la colorazione ho aggiunto qualche dettaglio, modificato ancora qualche linea, qualche tratto del volto, qualche spalla, mano o piede ecc. Il tutto mi ha impegnato fra gennaio e giugno per circa 750 ore... escluso il testo che ha richiesto un altro mese e mezzo.

I colori utilizzati sono tempere acriliche in tubetto; diluibili in acqua, inodori, resistenti (una volta asciutti non si sciolgono più), applicabili sia a corpo che a velatura, asciugano rapidamente (anche troppo) consentendo di sovrapporre i colori senza tempi d'attesa, anche se richiedono più attenzione per le tonalità (il colore asciutto ha tonalità e intensità diversa rispetto al bagnato) e maggiore rapidità nella stesura di campiture estese ed uniformi o dove il colore va distribuito su parti estese dell'immagine anche se "a tratti" (se il colore si asciuga sulla tavolozza prima della fine della fase di lavoro, ripetere esattamente la stessa mescolanza può essere difficile).

1) LA SCOPERTA DELLE FONTI DEL MISSISSIPPI – Edizioni Documenti Lombardi – Bergamo 1955   Traduzione integrale dal francese a cura di Luciano Gallina dell'opera originale di G. C. Beltrami "La Dècouverte des sources du Mississippi et de la Rivière Sanglante" 1824 Utilizzo: stesura del riassunto del testo e alcune note biografiche.

2) I PELLEROSSA – Fratelli Fabbri Editori – 1977 di Maria Arioli
Utilizzo: Volti, dettagli decorativi, tende, armi, abbigliamento, dislocazione delle tribù dei nativi americani.

3) INDIANI D'AMERICA – Idea Libri Milano – 1993 Autori vari
Utilizzo: Precisazioni su temi etnici trattati da Beltrami, supporto alla ricostruzione delle immagini, tende, canoe, volti, dettagli decorativi, armi, abbigliamento, dislocazione delle tribù di nativi americani.

4) AMERICAN WOODLANDS INDIANS – Serie "Men at arms" N° 228 – Osprey
Utilizzo: Supporto alla ricostruzione delle figure di Sauk e Chippewa, abbigliamento, decorazioni, acconciature, ornamenti, armi.

5) Riviste "SOLDATINI" – Auriga - Genova – un esempio fra tanti N° 76 pag. 43 e segg. – 2009
Utilizzo: supporto alla ricostruzione delle figure di indiani delle woodlands.

6) Riviste "TUTTO SOLDATINI" – Iso Media – Milano – N° 12 pag.74 e 75 – 2006
Utilizzo: supporto alla ricostruzione delle figure di indiani Sauk.

7) CARTA STRADALE DEL MINNESOTA
Utilizzo: riferimenti geografici cartina schematica dei luoghi citati da Beltrami.

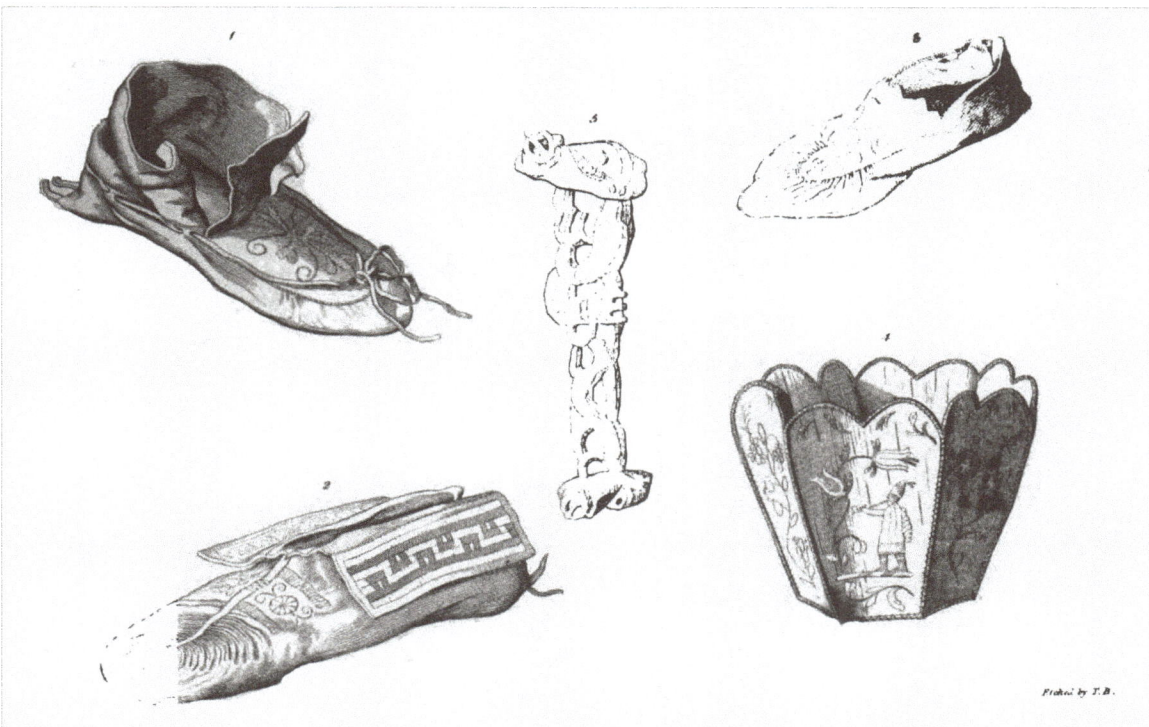

Fished by T.B.

▲ Oggetti indiani raccolti dal beltrami nella sua spedizione: dall'alto: pipa da guerra (Sioux), Uno scalpo donato al beltrami da un gran capo dei Cypowais, Un cordoncino fatto con ossa d'aquila, fornacetta da pipa e fodero da pugnale (Sioux).
Sotto: Diversi mocassini di Sioux e Cipowais, un idolo ligneo, un cesto elaborato e un acciarino per pipa.

Two plates od indian ornaments relative to Beltrami collection.

FORT SNELLING, MINNESOTA.

▲ Stampa d'epoca del famoso forte Sant Anthony/Snellig
Oldest Print of fort St. Anthony/Snellig in Minnesota

8) CARTA GEOGRAFICA DEGLI STATI UNITI
Utilizzo: cartina schematica con dislocazione tribù dei nativi americani.

9) Vari siti Web fra i quali wikipedia:
Utilizzo: Precisazioni su luoghi, personaggi, note biografiche

ENCICLOPEDIA TRECCANI
Utilizzo: una parte delle note biografiche

PINTEREST
Utilizzo: visi, abbigliamento, acconciature di indiani delle woodlands

GOOGLE EARTH
Utilizzo: riferimenti geografici e dettagli di luoghi

10) STAMPE DI ACQUARELLI di Karl Bodmer e George Catlin eseguiti fra il 1830 e il 1840, accumulate dall'autore nel corso di 40 anni, ritagliati da riviste diverse fra le quali un numero di FMR Rivista di Franco Maria Ricci.
Utilizzo: ricostruzione di motivi decorativi e acconciature dei nativi americani

11) SCHIZZI SCHEMATICI eseguiti a mano dall'autore nel corso di oltre 40 anni, tratti da immagini pubblicate da fonti diverse, raccolti in un album ad uso di personale documentazione, dedicato al tema dei nativi e militari americani dei secoli XVIII e XIX.

Nessuna delle figure contenute nelle nostre tavole è una pedissequa copiatura di una già pubblicata, ma bensì opera originale interpretata dall'artista.

Posture, volti, abiti, armi, decorazioni, acconciature, ornamenti, oggetti, capanne, canoe ecc. sono ricostruzioni critiche basate su confronti incrociati, composti a formare ogni volta una figura nuova, eseguita a mano, il più possibile fedele alla realtà dell'epoca trattata nel racconto, in base ai dati raccolti.

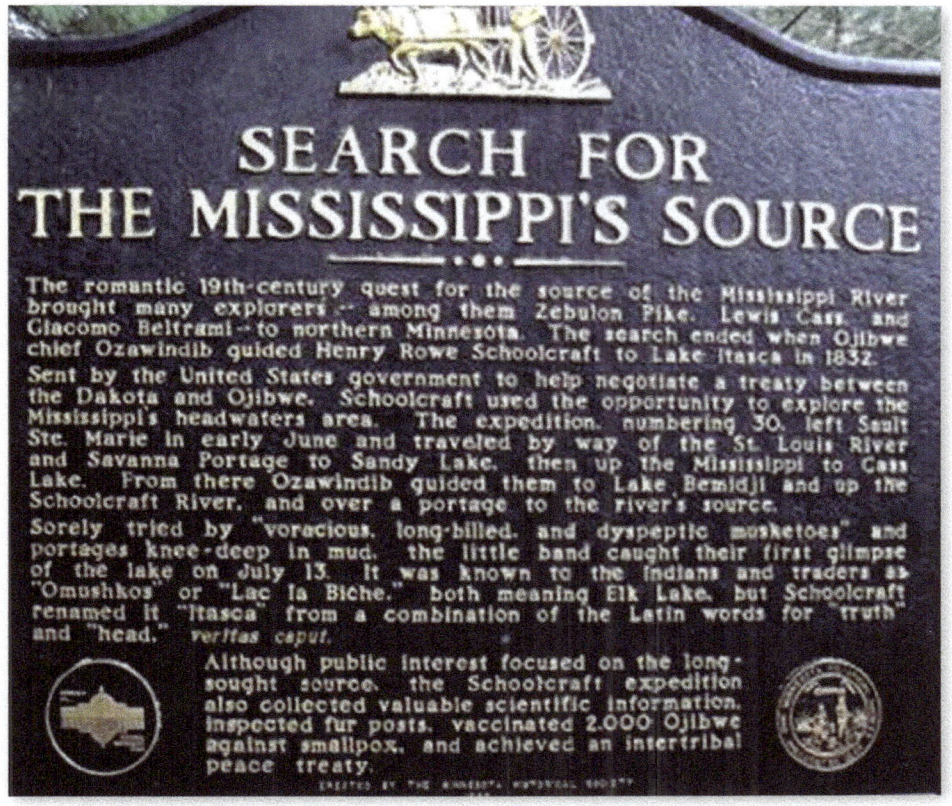

▲ La lapide posta nella zona delle sorgenti del Mississppi che narra le gesta di Costantino Beltrami.
The search for the Mississippi's source stone, with the story of Beltrami's discovery.

▲ Il comandante Stefan Harriman Long, ritratto di autore sconosciuto, collezione privata
The major Stefan Harriman Long, unknown author. Private collection Virginia

BIBLIOGRAFIA E FONTI

-*The Sioux vocabulary* 1823: (in the Archivio Beltrami of Count G. Luchetti, Filottrano, Italy / transcribed and edited by Cesare Marino and Leonardo Vigorelli. Published/Created: Kendall Park, N.J.: Lakota Books, 1995)

-*Deux Mots sur les promenades de Paris à Liverpool etc.* (1823)

-*La découverte des sources du Mississippi et de la Rivière sanglante* (1824)

-*A Pilgrimage in Europe and America* (1828)

-*Le Mexique* (1830)

-*L'Italia ossia scoperte* (1834)

-Beltrami, Giacomo Costantino. *A Pilgrimage in Europe and America Leading to the Discovery of the Sources of the Mississippi and Bloody River: With a Description of the Whole Course of the Former and the Ohio.* vol. 2. London: Hunt and Clark, 1828.

-*G.C. Beltrami alla scoperta delle sorgenti del Mississippi 1823* (2005), Collana "Sono Stati Famosi", Leading Edizioni

-*Deux Mots sur les promenades de Paris a Liverpool etc.* (1823)

-*L'Italie et L'Europe* (1834)

- Luigi Grassia, *Costantino Beltrami Un italiano fra Napoleone e i Sioux*, 2002

-Municipio di Bergamo (a cura di), *Costantino Beltrami da Bergamo. Notizie e lettere*, Bergamo, Tipografia Pagnoncelli, 1865.

-*Giacomo Constantino Beltrami*. Biblioteca Civica di Bergamo (2000).

-*Improbable Explorer: Giacomo Beltrami's Summer of Discovery* di Michael J. Martin

-Beltrami, G. Costantino. *To the Public of New York, and of the United States.* New York: J. Darke, [1825].

-Lawrence Taliaferro papers, 1813–1868 Manuscript Collection, Minnesota Historical Society, St. Paul

-Giacomo Beltrami papers, 1824–1867 Manuscript Collection, Minnesota Historical Society, St. Paul Description: The papers include photocopies of items selected from Beltrami's personal papers relating chiefly to his search for the sources of the Mississippi River, his journey to the Red River of the North, his books, and the Minnesota Historical Society's contacts with Biblioteca Civica di Bergamo regarding Beltrami and his papers.

-Giacomo Costantino Beltrami papers Manuscript Collection. Department of Special Collections, Washington University, St. Louis Description: Letter from Beltrami to the New York athenaeum, February 18, 1830.

-Christianson, Theodore. "The Long and Beltrami Explorations in Minnesota One Hundred Years Ago." *Minnesota History Bulletin* 5, no. 4 (November 1923) 249–264.

-Hill, Alfred James. "Constantine Beltrami." *Collections of the Minnesota Historical Society* 2, (1867): 183–196.

-Kennedy, Roger G. *Men on the Moving Frontier.* Palo Alto, CA: American West Publishing Company, [1969].

-Schiavo, Giovanni. "Giacomo Costantino Beltrami." In *The Italians in America Before the Civil War*, 94–100. New York: Vigo Press, [1934].

-Shaw, Thomas. *Beltrami's River: In Search of the Source.* Reno, NV: Carson Street, 2003

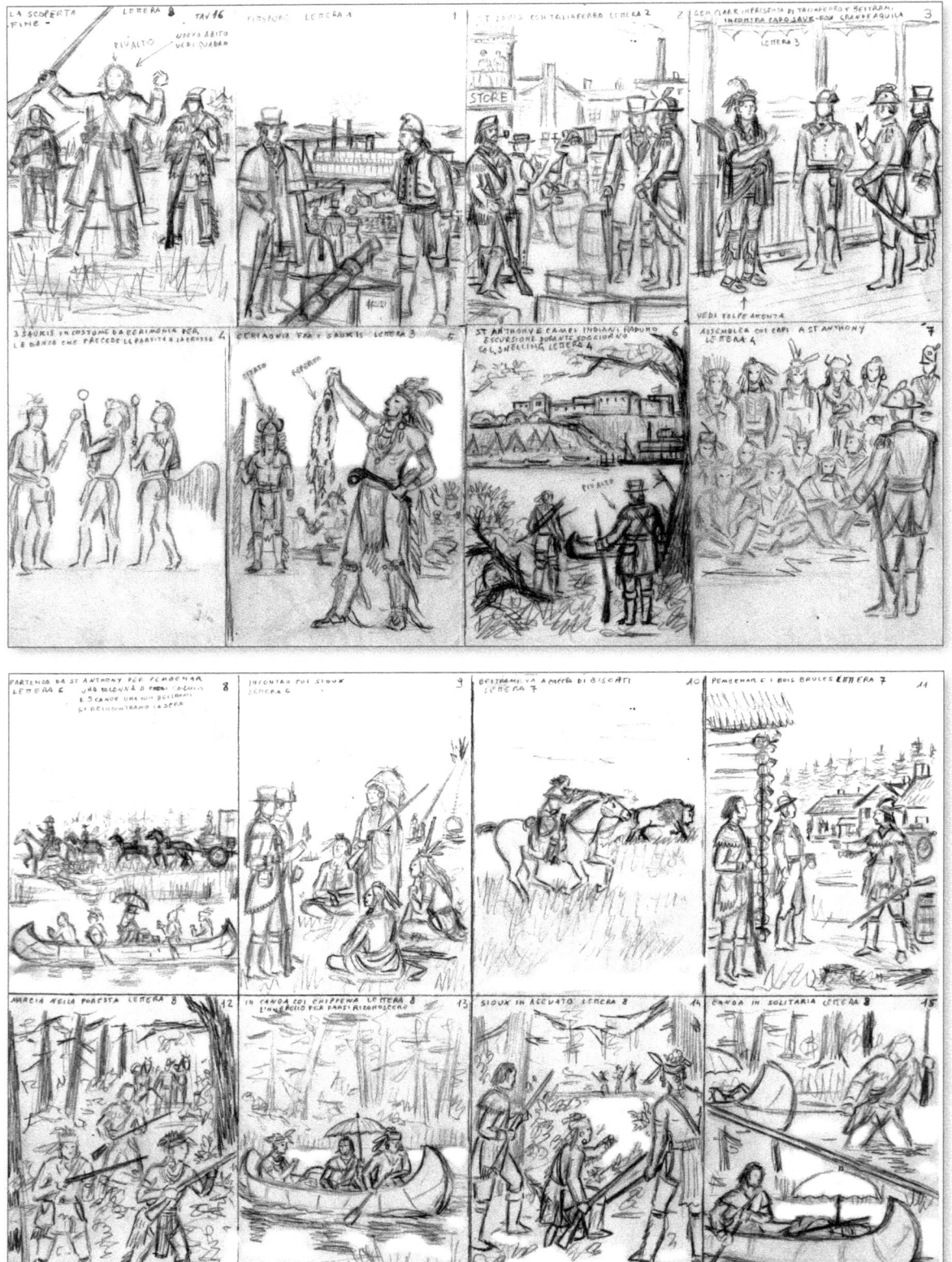

TITOLI PUBBLICATI - ALREADY PUBLISHING

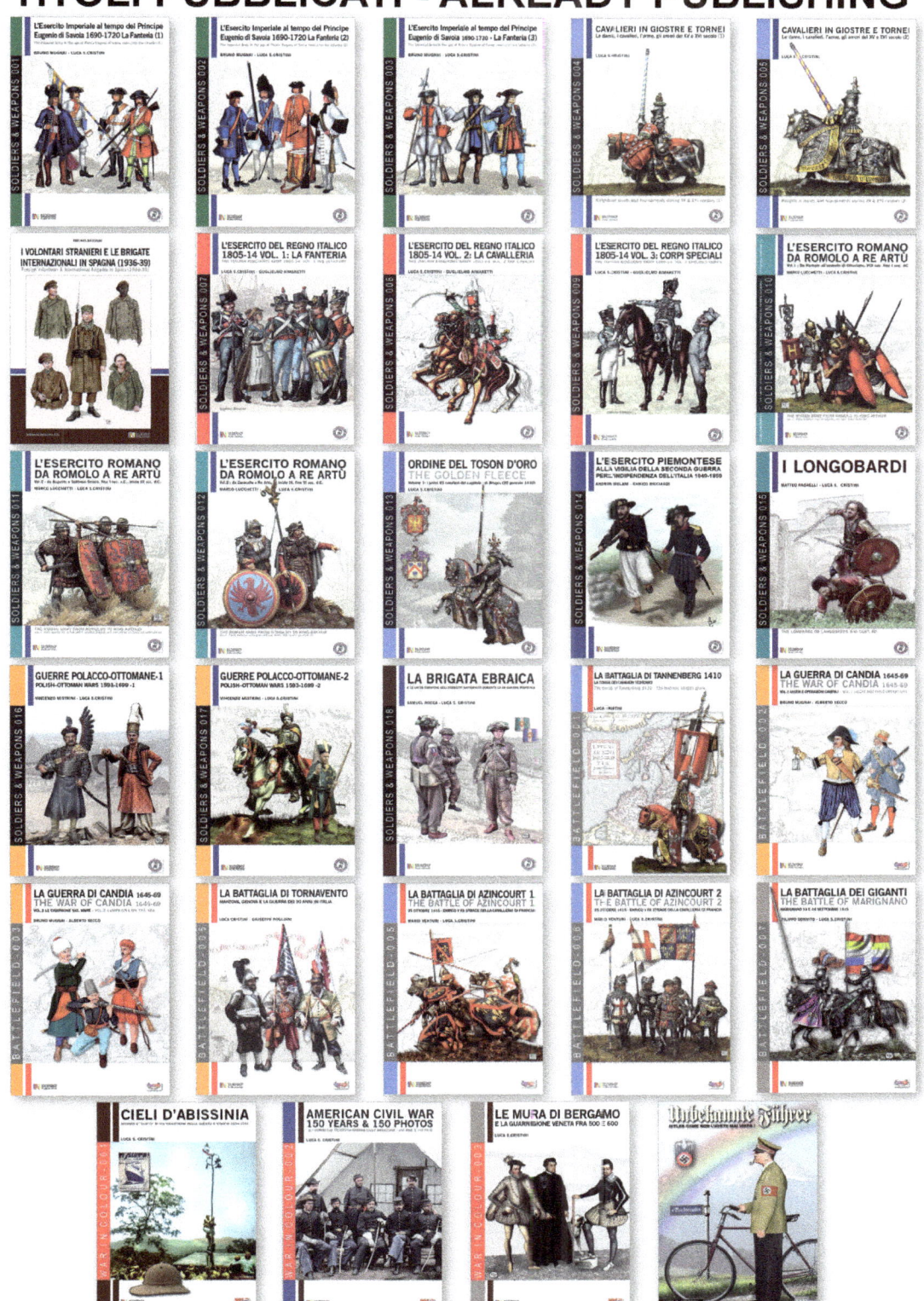

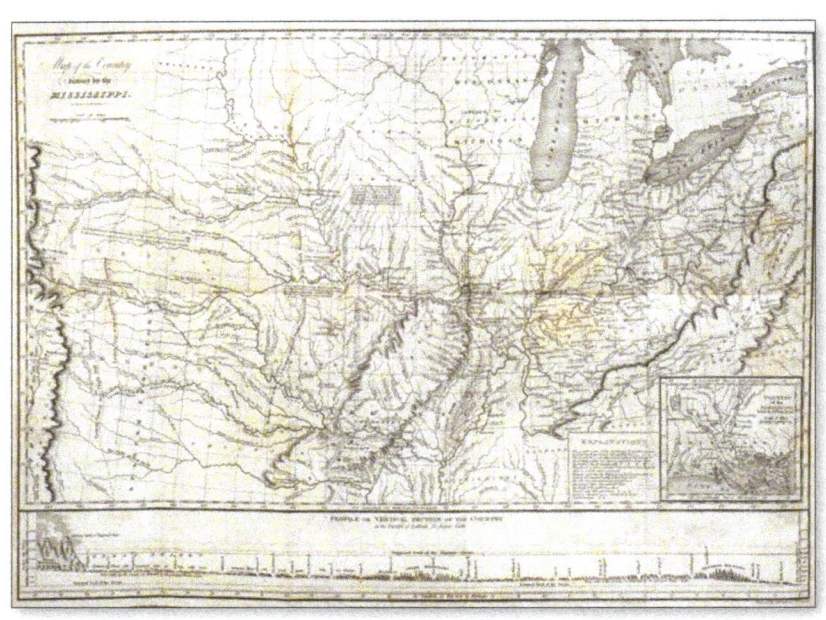

www.ingramcontent.com/pod-product-compliance
Lightning Source LLC
Chambersburg PA
CBHW041150120626
46547CB00020B/3167